新华社
调研名家

《新华社调研名家》编写组　编

新 华 出 版 社

图书在版编目（CIP）数据

新华社调研名家 /《新华社调研名家》编写组编 .
北京 : 新华出版社 , 2024.9
ISBN 978-7-5166-7546-5
Ⅰ. K825.42
中国国家版本馆 CIP 数据核字第 20246SN666 号

新华社调研名家

编　　者：《新华社调研名家》编写组

出 版 人：匡乐成　　**出版统筹：**王永霞
责任编辑：蒋小云　祝玉婷　王依然　　**封面设计：**今亮後聲 HOPESOUND 2580590616@qq.com · 王非凡

出版发行：新华出版社
地　　址：北京石景山区京原路 8 号　　**邮　　编：**100040

照　　排：华兴嘉誉
印　　刷：河北鑫兆源印刷有限公司

成品尺寸：148mm × 210mm
印　　张：5.625　　**字　　数：**92 千字
版　　次：2024 年 11 月第一版　　**印　　次：**2024 年 12 月第二次印刷

书　　号：ISBN 978-7-5166-7546-5
定　　价：48.00 元

目 录

范长江

笔有千钧力
胜过百万兵

范长江是我国新闻事业史上具有标志性的代表人物。他曾写下“手无寸铁兵百万，力举千钧纸一张”的诗句赞颂和纪念鲁迅先生，人们也用“长江一支笔，胜过百万兵”来形容范长江传奇的记者生涯。范长江写下了很多脍炙人口的新闻名篇，这些作品闪耀着时代的光芒，显示出强大的感召力，体现了他勇于追寻真理的坚定信念，不惧艰险的坚强意志，深入群众、深入实际的优良作风，以及深厚的知识根底和出众的写作才华。

志存高远寻真理

范长江出生于四川内江。青少年时代，他读书刻苦，兴趣广泛，受革命思潮影响积极参加进步活动。为寻求救国救民的道路，他曾从军入伍并参加过南昌起义，后辗转到北平，1932 年进入北京大学哲学系读书。1933 年，他先后参加辽吉黑热抗日义勇军后援会和北大学生前线视察慰问团，并开始向北平《北平晨报》《世界日报》和天津《益世报》《大公报》等报纸投稿。

范长江是一个有着远大志向的人，时时关注和思考国家民族的前途命运。他曾在北平发起组织“一九三六”研究会，希望与志同道合者一起研究可能爆发的全面抗日战争和第二次世界大战。还曾在南京发起成立中国青年西部考察团，准备团结一些进步青年到可能成为抗战大后方的西部地区考察。

1934 年，范长江系统研究了苏区的土地问题并到南昌秘密阅读了不少关于苏区的宣传材料，这为他在思想上打开了一片新的天地。后来他听说南方红军北上抗日已到达四川的消息，很想去搞清楚红军的主张和情况。1935 年春，他找到天津《大公报》总经理胡政之，提出到中国西部去旅行，为《大公报》写通讯。此后，范长江便以《大公报》旅行记者身份开始了著名的西部考察采访，继而成为名满天下的新闻记者。

不畏艰险采新闻

范长江成为名记者，绝非偶然。在从事新闻报道的过程中，他深入现场调研采访，以实地获得的材料为依据开展研究，克服了很多常人难以想象的艰辛困难，有时甚至面临生与死的考验。

范长江家境一般，离开家乡后独自闯荡，生活有时难以为继，后来主要靠稿费和兼职教师的一点收入维持生计。以旅行记者身份到西部考察采访时，报社并不负责差旅费用，而是按稿计酬。他先是跟随四川工商团回川，又由四川转赴西北。

在西北考察途中，范长江经过了崇山峻岭以及荒凉原始的区域，道路险窄、虎狼成群、风劲雪寒，大部分路程需徒步行走。当他经过海拔近 4000 米的达坂山时，“道路尽在雪中，不知此雪果已积厚至如何程度，亦不知已积若干千万年，人行其上，终觉惴惴难安”，此时他想到的不是自己的生命危险，而是“万一坠入雪窟中，记者视察所得，恐永无与读者相见之机会矣”。

范长江结束西北之行后，正式成为《大公报》记者。他很快又奔赴塞上考察采访，围绕抗战问题奔波。到日伪势力日炽的西蒙考察，为方便采访，他把自己装扮成一家商业公司的职员。他所跟随的车队在戈壁行驶时，车轮经常陷进泥沙里，要许多人下来推车，辛苦万状。戈壁中的饮食，只是简单的白水煮面条。夜晚都是露宿，常有成群的蚊虫袭扰，还有风沙和寒冷，使人夜不能寐。范长江以商业公司代表身份接触当地郡王，调查日本侦察队的动态。当他得知绥远抗战即将爆发，又迅速赶往归绥，与孟秋江、邱岗等记者一起活跃在绥远前线。

西安事变后，范长江下决心“撞”入西安，为全国读者弄清真相。当时西北对外交通全断，航空、铁路、公路都不通。很多朋友劝他放弃，但他始终不改初衷。途中经历了好多次惊险，最后终于突破重重阻碍，闯入举世瞩目、战云密布的事变中心，以最新的见闻，报道了西安事变的真相。

植根群众善交友

善于社会交往、善于交朋友，是范长江作为一个名记者的独特之处，也是他在采访中面对各种困难却屡获成功的奥秘所在。他认为："记者一定要善于交朋友""应该在群众中生根，应该到处都有朋友"。

1935 年的西北考察和采访，他结识了一大批朋友，这些朋友给予了他极大帮助。特别是孟秋江和邱岗，后来亦成为知名战地记者。孟秋江与范长江相识时，是张掖特种消费局会计主任，他们一见如故，倾心长谈，孟秋江还将所了解的官府黑幕透露给范长江。邱岗与范长江相识时，是新（疆）绥（远）长途汽车总公司酒泉车站工作人员，他们朝夕相处，无话不谈，还一起在当地走访考察，邱岗向范长江介绍种种事实，提供了不少宝贵资料。范长江到《大公报》任记者后，也推荐他们两人到绥远抗战前线担任战地记者。

范长江特别善于与社会各个阶层、“三教九流”打交道。他通过对形形色色人物的采访，发现和揭示各种问题和矛盾，帮助读者更深刻地认识社会。一·二八淞沪抗战时，他常常带上几十份《大公报》分赠将士，很受欢迎，对他开展采访也创造了有利条件。抗战全面爆发后，他几乎同大多数部队都有联系，听到某个部队打了胜仗，他都发电报祝贺。

范长江还团结了很多进步新闻记者。在采访活动中，他们密切协作，范长江在其中起着凝聚作用。不少爱国青年学生、记者慕名请他介绍参加抗战新闻工作，他都热情接待，无微不至地给予安排，有时还自己掏钱为他们购买生活用品。很多报纸也请他推荐记者，他总是热心牵线搭桥。在当时的新闻界，范长江有着巨大的影响力和号召力。

力透纸背文飞扬

范长江采写的新闻报道发表后在全国引起了巨大反响，受到读者广泛关注。他的通讯集《中国的西北角》出版后，各界争购，很快售罄，多次加印，一时间家喻户晓。之后出版的《塞上行》，亦成为20世纪30年代著名的新闻通讯集。

范长江的新闻作品之所以产生这么大的震撼，与他敏锐的政治观察、扎实的调研采访和高超的写作水平是分不开的。他的报道，满怀对祖国和民族前途命运的思考，勇于揭露社会黑暗和危机，解答人民群众最关心的问题，具有重大的现实意义。为真实反映中国西北部人民的苦难生活，他长途跋涉、风餐露宿，一路西行考察采访；为探寻西安事变真相，他历尽艰险，将生死置之度外；为报道抗战前线的真实情况，他“冒着敌人的炮火”深入采访，在突围行军中曾因翻车受伤；他勇于突破国民党当局的禁令，是第一位追踪报道红军长征的记者、第一位在报道中公开称“红军”的记者，也是第一位进入红色政权中心延安采访的国统区中国记者。他的作品，具有宏大的政治视野，深刻的思想见解；他的文字，简洁明快、形象生动，既有天风海雨般的磅礴气势，又有一针见血的分析评论；既引经据典、文辞精美，又善于运用历史背景，给读者以深刻启发。

范长江的新闻作品受到广大读者的喜爱，也让当权者忌惮。他从西安回来后所写的新闻述评《动荡中之西北大局》，揭示了西安事变的事实真相，在国民党统治区首次公开传播了中国共产党抗日民族统一战线的主张，表现了中共在和平解决西安事变中的重要作用。这篇文章发表后，蒋介石大怒，范长江却毫不退缩。由于政治形势的变化，他与《大公报》渐行渐远，后来毅然离开，将全部精力投入到抗战宣传事业之中。

心向光明启新生

范长江由进步记者转向党的新闻工作者的过程，也充满传奇色彩。

西安事变后，范长江经过重重艰难险阻到达西安，在杨虎城公馆见到了周恩来，为深入了解陕北的情况，他向周恩来提出到延安采访的请求。在延安，范长江受到热烈欢迎，并与毛泽东进行了彻夜长谈。

抗战全面爆发后，范长江和很多新闻记者一起义无反顾地投入战地采访。为了及时采访报道八路军抗战实况，他专程去八路军驻太原办事处找到彭雪枫主任，提出报社派记者随八路军采访的要求。毛泽东电示彭雪枫转告范长江：欢迎《大公报》派随军记者，尤欢迎范长江先生。

范长江与其他进步新闻工作者共同发起创建“中国青年新闻记者学会”（简称“青记”）和“国际新闻社”，团结了大批青年记者投身战地采访报道，对于促进抗战时期新闻事业的发展起到积极作用。1939 年，范长江在重庆秘密加入中国共产党，周恩来是他的入党介绍人和直接领导人。“皖南事变”后，他赴香港参与创办《华商报》。

1942 年 7 月，范长江进入苏北抗日根据地。之后，他先后担任新华社华中分社、华中总分社和《新华日报》（华中版）社长、华中新闻专科学校校长等职。1946 年 5 月，范长江任中共和平谈判代表团新闻发言人和新华社南京分社社长。1946 年秋，范长江从南京回到延安。此后，他先后担任新华社副总编辑、副社长，并领导创办了上海《解放日报》和新华社华东总分社、上海分社。

在解放战争中随党中央转战陕北和西柏坡时期，范长江在毛泽东、周恩来等领导同志身边工作，经手发出中央领导人的很多重要文章，他本人也受到很大教益，度过了一生难忘的日子。

新中国成立后，范长江先后任新闻总署副署长、人民日报社社长等。他对新闻工作充满了感情，曾说：“我是愿意终身为新闻事业努力的人。”范长江以自己的作品和贡献，书写了传奇的新闻人生，他的名字被冠在中国新闻工作者的最高奖上，成为中国新闻工作者学习和景仰的光辉榜样。

（撰稿：新华社研究院万京华）

尤淇

忠诚铸铁骨
楮墨润民生

尤淇是以深入调研著称的新华社记者之一。他于1938年8月奔赴延安，入鲁艺文学系学习，曾任中国作协延安分会副秘书长。解放战争时期，他在辽北军区《胜利报》当记者，又以新华社四野总分社特派记者的身份随大军解放海南。1950年5月至1954年6月，他曾任中南军区新闻科科长、南方日报社副总编辑。1954年6月起，尤淇先后担任过新华社广东、浙江、安徽、江苏分社社长。在几十年的新闻生涯中，他坚持深入基层，调研不怠、实事求是、独立思考，即使面对打击，仍然危身利国、坚持真理、矢志不渝，充满“骨鲠之气”。特别是在改革开放初期，尤淇用自己的“铁肩膀”扛住各种政治压力，带领记者连续数年深入农村，调查农民“大包干”的情况，写下了一批号角般的历史篇章。

“火山”爆发

1980年春，尤淇抓住安徽芜湖（指芜湖市芜湖县，现为湾沚区）农民“罢耕事件”，采写了《“火山”在芜湖爆发》一文。这是一篇资料扎实、逻辑严谨、观点鲜明，首次明确向人民公社制度说“不”的调查报告。

尤淇 1978 年到安徽，正赶上百年不遇的大旱。淮河断流，巢湖可徒涉。大量社员外出逃荒，大片土地没有播种。在政府紧急救济行动之后，安徽省委省政府发布了一项生产自救的指示："凡是集体种不下的土地，人人都可耕种，谁种谁收。"

"谁种谁收"政策为"包产到户"打开了一条裂缝。小岗村成为先行者，他们借着"谁种谁收"的政策自发搞起了"包产到户"，几个月后，包产到户的做法已经遍及整个凤阳县。

安徽分社记者在尤淇的组织下，分头沉到各地基层进行调研，掌握了大量第一手资料。他们讨论认为，"大包干"是真正调动农民生产积极性的灵丹妙方，具有旺盛的生命力。因此，分社决定搞好宣传报道，对农村改革有所推动。

凤阳的"包产到户"消息传到芜湖后，芜湖的农民情绪已经不可遏止，他们要求包产，但干部不敢，于是就出现了大规模的罢耕风波。农民的要求是：包产就干，不给包产就让粮食烂在地里。"五月刈麦忙"，冲突开始白热化。芜湖县委书记刘登瀛被迫答应包产一季，结果仅用 3 天全县的小麦就收打完毕。说是一季，这种事情实际是一发不可收的。尤淇他们到芜湖的时候，芜湖全县已经开始了全面“大包干”。

尤淇与记者沈祖润查阅了芜湖过去30年的粮食生产记录，对湾沚公社的丰产生产队进行了深入全面了解，走访了多家农户，并对罢耕事件中表现坚决的7个生产队逐一进行了调查。尤淇回忆道：“我们对芜湖的包产与反包产的激烈斗争进行调查后认为，罢耕事件不是偶然的，是极左一套做法在农村横行20多年的必然结果。”采写《“火山”在芜湖爆发》，“目的是在说明，过去的那一套是束缚我国农村生产力发展的枷锁，农民现在正在觉醒，要冲破它们，农民的这种突破，就像火山一样，一旦喷薄而出，是了不得的强大力量。”

尤淇有着30多年的农村基层调研积淀和一贯实事求是的作风，调查足迹遍及东北、浙江、广东。这篇报告具有极强的穿透力。对尤淇而言，多年农村调研积累的“熔浆”，也终于“喷薄而出”。

《“火山”在芜湖爆发》完稿后，尤淇继续组织安徽分社记者深化对农业生产责任制的报道，连续采写了《最早实行包干到户的凤阳县今年夏粮连续第三年获得丰收》《安徽油菜籽丰收证明，联产计酬责任制可以促使作物连续多年增产》等稿件。其中尤淇的《凤阳县推行生产责任制两年翻身》在《人民日报》头版头条刊出，获得全国好新闻一等奖。

惟以求真

尤淇的新闻履历是从 1946 年到《胜利报》当记者开始的，那时他 27 岁。

在辽北地区时，尤淇就开始深入农村，与农民同吃同住，一起参加土改，写出多篇有影响的报道。其中《开通的农民运动》介绍了敌我拉锯地区打开土改沉闷局面的方法，推动了交战地区的土改运动，西满各报纷纷转载。这些报道也受到辽北省委的重视。尤淇由此体会到深入农村搞调研的重大意义。在广东、浙江、安徽等分社当社长期间，尤淇每年下基层采访都在三四个月以上。

新华社历来有蹲点调研的传统。1979 年，尤淇在安徽分社建立记者调研基地，即记者自选或由分社指派一个县（市）为联系点，根据本地情况，随机拟定调研题目，保持改革信息的延续和拓展，反映一个新事物的发展全过程。盯住一个点，同时可以跑面，这种办法后来被许多国内分社采用。

“尤淇飞车队”在全国新闻界产生过很大影响，这是他在安徽分社期间的创举。尤淇携年轻记者徐光春、王礼贶，骑着自行车，带着蚊帐、地图、修车工具等，行程600多公里。他们住在社员家、公社会议室和集镇小客店，从不先和县里打招呼，沿路在茶棚、路边、田头与群众交谈。一个月间，他们采访了滁县、全椒等7个县，写出了《记者来信：粮食丰收急待解决“卖粮难”》等十几篇报道，受到中央有关部门的重视。

“飞车队”采访方式还被尤淇带到江苏分社。1982年尤淇带领年轻记者蔡名照、费强和戴纪明进行了一次环太湖采访，走访了3个地区、17个县、20多个生产大队和工矿企业。其间，有地方领导派车来接，被他婉拒。一次，他们冒雨骑行了近30公里。尤淇的目的是以此作出表率，号召大家深入实际调查研究。“尤淇飞车队”的成员后来都成长为新华社的名记者。

尤淇调研求真唯实，不人云亦云。他说：光深入实际、深入群众还不行，记者要独立思考，要对采访到的大量资料进行分析研究和深入思考，找出内在的联系，否则报道就没有深度，有时还会掩盖事物的本质。

有一次尤淇下乡采访，看到农民烧田里的麦子。他问一个老农：“你们这里过去没有烧麦秸还肥的习惯，怎么今年变了？”老农摇头叹息说：“现在的农村劳动力都进了乡镇企业，雇人收割每工 10 元，收下的一点麦子，不够雇人工的开销，不如一把火烧了，麦秸成灰，也少花一点晚稻肥料的本钱。”老农说这个乡大概有好几十户人家烧了麦子。为了弄清楚这个问题，尤淇在乡里开了一个座谈会。有些人就坚持说是因为乡镇工业发展多了，农村劳动力都到企业里去了，农业受到了忽视，才弄到这个地步。持这种说法的人还不少。尤淇不相信，再去找烧了麦子的农民，农民说：人家说粮食太多了，没仓库收藏，于是粮食部门减少收麦子，又压低小麦换面粉的比率，从过去每百斤小麦换面 80 斤压低到换给 70 斤，过去每百斤小麦换面后还给 20 斤麸子，现在一斤也不给了。烧麦的真正原因，就这样被调查出来了。

胡笳一拍

尤淇离休后编写了一本小册子《胡笳一拍——我的记者生涯》，选取了他在近 40 年职业生涯中采写的部分稿件和随笔。尤淇说，胡笳的声调粗犷刺耳，但悲壮、激越、清新，我愿以胡笳手自居，也希望这胡笳的音调能让人心情振奋、斗志昂扬。

尤淇长期在农村采访调研，较早地发现“共产风”“大呼隆”等做法的严重危害，不赞成人民公社制度，并因此受到打击。他曾被划为“右倾机会主义分子”，“文革”期间被开除党籍、公职，下放工厂劳动。即使两手落下残疾，尤淇也没有停止调研，没有停止发声。他说：“当记者的，反映点真实情况，讲点自己的正确的真实的认识，就要准备受到种种打击。如果没有这种挨受打击的勇气，记者工作是做不好的。”

《“火山”在芜湖爆发》一稿发出后，受到来自当时安徽省主要领导的压力。尤淇组织记者开会时说：“客观真实地反映侵犯群众利益、压制人民群众的错误行为，没有错！凡是支持‘包产到户’的稿子，政治责任由我负，要坐牢我去！你们还年轻，还可以做更多的事情。”沈祖润回忆说：“当时不少记者，尤其是我，感动得热泪盈眶。”

除此之外，1979 年尤淇对滁县给农民打“白条”事件的报道，1981 年采写的《陈庭元同志谈“大包干”是中国农业的主流方向》一稿，都是顶着极大压力发出的。

尤淇说："记者如果没有胆识，就不能进行实事求是的新闻报道。而记者的胆识并不是凭空产生的，它来自艰苦深入的调查研究所取得的正确认识。只有当记者对某一事物进行了认真的调查研究，分清了表象和实质以后，才具有真正的胆识，不至于在重大问题上人云亦云，摇摇摆摆。"

在江苏分社，他这样评说自己："我的长处是在对待重大政策方面，我希望我们党日益壮大，人民幸福，如果出台的政策措施有损于党和人民的利益，即使丢掉脑袋我也敢说敢写。"

（撰稿：新华社江苏分社周放、汤涧）

冯森龄

铁肩担道义
妙手著文章

冯森龄是我国新闻界著名记者，他冒着政治风险写下《延安调查》，为改变老区延安落后面貌作出了贡献。国务院副总理王任重为他题词“铁肩担道义 妙手著文章”。翻开冯森龄一篇篇调研，《拉萨见闻》《陕西为什么要搞“穷过渡”》《陕南见闻》《铜川调查》……无不彰显着他坚持真理、深入实际的优良作风，他因始终坚持为党和人民的利益讲真话、办实事，被誉为“人民记者”。

从小学教员到记者

冯森龄出生于陕西渭南一个农民家庭，参加革命前只上过四年小学，年幼便遭遇父母双亡的悲剧。在风雨飘摇的岁月，他一心向往光明、追求进步，在安吴青训班学习后，到达圣地延安。1938 年参加革命工作，冯森龄又上了两年中学，从延安边区中学毕业后，在合水县、延安县等多地担任小学教员。

冯森龄与新闻结缘，是从当通讯员开始的。1940 年，冯森龄在陕甘宁边区陇东合水县完小当教员，经县政府一名喜欢写新闻通讯的科长介绍，开始当报社通讯员。初出茅庐，冯森龄一窍不通，报社编辑一连寄来四五封信，告诉他写什么、怎么写，有的信写得很长，对他帮助很大，让冯森龄十分感动，于是他开始走向写作之路。

1944 年，冯森龄被调到延安县委宣传部担任通讯干事，活动的天地更加广阔了。他结合自己参加的各项工作写下了许多反映实际的稿件。参加农业税试点工作后写下《做农业税的经验》，延安《解放日报》登了近一个版；在蟠龙区搞秋收工作时，了解到有二流子装神弄鬼欺骗群众，群众生产生活受到很大影响，于是采写通讯《闹"鬼"·捉"鬼"——"出墓鬼"、"血腥鬼"、"红鞋女妖精"都抓定了！》，经《解放日报》发表后，对破除迷信起了很大作用。

1945年，冯森龄调入解放日报社担任编辑、记者。《解放日报》停刊后，任《边区群众报》记者组长、《群众日报》记者组长，后又转入新华社西北总分社，自此 40 多年的岁月，他便一直奋斗在新华社的工作岗位上。

激流中书写延安调查

1978 年初夏，从新华社广西分社调任陕西分社社长后不久，冯森龄听说延安还十分贫困，便风尘仆仆地回到阔别已久的革命老区，做了长达 40 多天的调查研究，采写了震动一时的《延安调查》。

初到延安，冯森龄看到街上有很多讨饭的农民，特别是听说延安有三分之二的农民饿着肚子。难过的同时，他决定顶着“左”的错误干扰，冒着风险，如实向中央反映延安地区的贫困状况。

为了掌握事实，冯森龄在延安地区 9 个县进行调研，访问了公安局、民政局、外事处、遣返站等有关单位，白天夜晚多次到汽车站、旅馆、饭店观察，广泛采访服务员、汽车司机、乞讨者、农民，不仅在农民家里吃饭、住宿，还有意识地在吃饭时间去串门，观察农民的生活状况，和他们拉家常。之后再把看到的情况和县、公社、大队干部讨论。就这样，调研内容愈发丰富。

仅是为了弄清楚街头乞讨者的情况，冯森龄就跑了五次延安市东关，到街道、饭店、汽车站观察乞讨者流落的情况，访问了讨饭的老人、青年、妇女和小孩。为了了解他们如何过夜，冯森龄多次深夜跑到大街上，看露宿在街道两旁屋檐下的乞讨者，掌握了大量第一手材料。

1978 年，《延安有许多农民上街讨饭》《很多农民去年口粮不足 200 斤 大家深切怀念毛主席在延安时的日子》《过高估产强购过头粮形成大购大销劳民伤财的严重情况》《农田基本建设的形式主义和瞎指挥害苦了延安人民》一组四篇调研稿件内部刊发后，引起了广泛关注，许多在延安战斗过的老一辈革命家含泪读完。

中央领导对此高度重视，1978 年底，国务院火速给延安地区拨款 2000 万元，从 1979 年开始每年都给陕北地区援助 5000 万元。与此同时，对延安、榆林两地区公购粮给予减免。

“说群众想说的话。”冯森龄后来在谈及《延安调查》可能遭受责难时表示，“要实事求是，要对人民群众负责，敢于反映群众的心里话”。

揭开陕北煤海的面纱

从 1978 年冯森龄到陕西分社担任社长到 1986 年离休，他年年都到陕北调研，足迹几乎遍布所有乡镇，不仅反映了陕北人民从贫困到告别饥饿的过程，也用一篇篇稿件为陕北经济发展作出了不可磨灭的贡献。其中，最为人们所熟知的便是《陕北有煤海，质优易开采》。

1984 年，冯森龄深入陕北，在榆林采访时，听说地质勘探队正在勘探神木、府谷的煤炭资源，煤的储量很大。听后他情绪激动，认为这可能是陕北发展的新出路。“榆林农民长期苦于无致富之门，有了煤就可能成为致富的突破口。”冯森龄如是回忆。

于是，冯森龄沿着陕北最北部的神木、府谷行进。在毛乌素沙漠，在乌兰木伦河畔，年过花甲的他一月行程三四千公里，走访煤田地质专家、党政领导干部以及群众，他白天采访，夜间整理笔记。在地质勘探队的工棚，在农民煤窑的工场，在半昏不明的旅店，他不停地写。

有了扎实的采访和丰富的资料，冯森龄决定在写作时，避免关于地质勘探的报道尽是些看不懂的术语和干巴的数字。

1984 年 10 月 19 日，《人民日报》在头版显著位置刊登冯森龄采写的《陕北有煤海，质优易开采》一稿，并配发了他拍摄的照片。这篇以“新华社西安 10 月 18 日电”电头发出的稿件，不足千字，揭开了陕北煤海的面纱，吸引来了几十万建设大军，奏响了神府煤田大开发的序曲，人们把这里称为“中国的科威特。”

这篇报道先后获得 1984 年新华社好新闻一等奖和全国好新闻一等奖，许多新闻业务刊物纷纷发表评介文章，认为这篇新闻“打破了老框框”“把经济新闻写活了”“是一篇颇有新意的特写消息”“把一片煤田地质勘探报道写得如此生动可读”。消息的题目一时竟成了榆林城小儿念诵的童谣。

当年，冯森龄也因“在新华社的建设中付出了辛勤的劳动，出色地完成了任务，作出了突出贡献”，受到新华社社长穆青的通令嘉奖。中华全国新闻工作者协会还将他评为全国优秀新闻工作者。

追求真理　深入实际

在冯森龄40余年的新闻生涯中，大多数时间是在条件艰苦的边疆和少数民族地区度过的，甘肃、宁夏、西藏、广西、陕西等省区都留下了他工作和战斗过的足迹。无论条件多苦、困难多大，他始终保持着旺盛斗志和饱满热情，敢于坚持原则、坚持真理，即使因此而蒙受冤屈和打击也在所不惜。

1948年，冯森龄由《边区群众报》派驻三边专区，他发现该区的春耕生产中存在着人缺口粮、牲畜没有饲料、种子不足等问题，当地也没有采取有力措施，于是向报社如实反映了情况。事后地委领导给他施压，要求他给报社写信更正，冯森龄顶住压力坚持不改，并继续反映他们的错误做法。边区政府主席林伯渠知道后发电报批评了专区有关领导。习仲勋同志在绥德一次干部会上表扬了冯森龄坚持原则的精神。

20世纪50年代，冯森龄因采写调研稿件《拉萨见闻》，反映了当时西藏工作中的一些实际问题，而受到撤职、降级和下放的错误处分，但他依然不改初衷。

从 1938 年参加革命开始，冯森龄坚持深入实际、调查研究的优良作风。1950 年起他先后担任新华社宁夏、甘肃、西藏、广西、陕西分社社长，常年扎根乡村、厂矿，同基层干部和普通百姓交朋友，从第一线获取材料、观察事物、发现问题、捕捉有价值的新闻。他的作品朴实无华，简洁明快，从一般的消息到有影响的调查报告，无不来源于现实生活、得益于深入实际。

“调查研究是认识客观事物的重要途径，是完成一条新闻的关键，要想做一名合格的记者，必须在这方面刻苦锻炼。”冯森龄在一篇业务文章中如是写道，这也是他几十年来身体力行的真实写照：从 1978 年担任新华社陕西分社社长，到 1986 年离休的八年多时间，冯森龄不顾年迈体衰，风尘仆仆奔波于基层，用双脚走遍陕北 33 个县、市超过 80% 的乡镇，带病赶赴特大洪涝灾害现场、坐毛驴架子车蹚过湍急的河水、深夜驱车在山中与时间赛跑……“不停地跑、认真地看”成为许多同行对冯森龄的赞誉。

例如，冯森龄 1979 年到陕南的汉中和安康两个地区进行了一次调研，事先并没有具体题目。他深入采访了一个月零七天，和地、县领导干部交谈，到基层广泛调查，请教社、队干部，具体题目自然涌出，共写了 11 篇调研稿件：写粮食征购中出现新问题的《丰收的忧虑》，写水土流失严重情况和治理汉江缺乏统一规划等缺点的《毁林的教训》，写怎样解决粮食生产与因地种植矛盾的《因地制宜与吃饭问题》，写陕南山区生产方针问题的《怎样从以粮食为主过渡到以林为主》，写反映“左”的思想还尚未触动的《县委书记担心说明了什么》等等。他用身体力行说明，只要深入群众、深入实际、深入调研，就能发现大量重要问题，捕捉到有价值的新闻。

冯森龄对调查研究有深刻独到的理解。他认为采访就是调查研究，不能把二者割裂或对立起来。在《记者为什么要搞调查研究》中，他这样说：“记者是调查研究的专业工作人员，调查研究就是记者的主要采访活动，或者说是记者的主要采访手段和方法。”

（撰稿：新华社陕西分社刘书云、李浩）

穆青

『勿忘人民』的记者榜样

穆青，作为当代新闻工作者的标杆和楷模，始终将调查研究视为新闻工作的基石。在半个多世纪的新闻生涯中，穆青身体力行，将实践作为新闻报道的不竭源泉，扎根群众、勿忘人民，实事求是、深入调研，致力于“讴歌时代的英雄”，“反映出时代精神的强大回声”，用笔拨动“时代绷得最紧的那根弦”，采写了《雁翎队》《县委书记的榜样——焦裕禄》《为了周总理的嘱托——记农民科学家吴吉昌》等大量脍炙人口的新闻名篇，鼓舞和激励了一代又一代人。

讴歌英雄人物

穆青一直把典型人物宣传作为报道的重要内容，“不断从群众中发现和捕捉先进人物，弘扬他们先进的思想和模范事迹，努力为人们提供一些精神滋养和前进动力”。他围绕党和政府各个时期的路线方针政策，倾注大量精力深入调研，典型人物“写一个，活一个，响一个”。其中关于赵占魁和焦裕禄的报道，曾掀起两次大的学习运动。

1942 年 9 月，穆青自延安鲁迅艺术学院文学系毕业，进入解放日报社工作。穆青到报社第二天，就和一同入社的张铁夫去采访模范工人赵占魁。赵占魁实干不爱说话，穆青和张铁夫提出一连串问题，赵占魁总是笑一笑，半天说一句“没啥”。两个人和赵占魁共同生活、劳动，白天给赵占魁打下手，夜晚与赵占魁同睡一铺炕，一连多天边观察、边体验、边收集素材，终于采写出《赵占魁同志》和《恭喜赵占魁同志》等影响广泛的报道，推动了边区学习赵占魁运动的热潮。1943 年 8 月，穆青在《解放日报》上发表《雁翎队》，将散文笔法运用到新闻报道中，以炽热的感情歌颂白洋淀人民的抗日斗争，让敌后游击队“雁翎队”的英雄形象和传奇故事广为传诵。这些采访让穆青体会到英雄模范人物对党的事业的巨大推动作用，认识到求真务实、扎根基层工作作风的重要性。用英雄模范人物的感人事迹和精神力量鼓舞人民、推动革命事业的发展，成为穆青毕生的追求。

1958 年 6 月，时任新华社上海分社社长的穆青调总社任国内部主任，次年任新华社副社长。当时我国正值经济困难时期，穆青提出“在困难面前逞英雄”的口号，要求记者深入采访，挖掘能深刻反映人民群众不畏困难、越是困难越向前的典型人物和事件。他以身作则、率先垂范，经常带领记者深入一线。1966 年 2 月 7 日新华社播发的《县委书记的榜样——焦裕禄》，是穆青最负盛名的作品之一。焦裕禄的采访，由周原先期在兰考进行，穆青、冯健到河南后又一起作了采访。尽管此前对焦裕禄的事迹已有所耳闻，也看了当时报纸的一些报道，但穆青还是被现场看到的、听到的故事深深震撼。穆青一行在兰考采访了几十位基层干部和群众，亲眼看了焦裕禄带领群众挖的沟渠、封闭的沙丘群，走到哪，群众都满含热泪叙说着焦书记。穆青对冯健和周原说，“焦裕禄就是一代共产党员的典型！我们一定要把他的事迹原原本本写出来，让人们看看咱们共产党的干部是怎么舍生忘死为人民群众服务的！”他们七易其稿、反复修改，生动立体地还原展现了焦裕禄的感人事迹和光辉品格，让这一伟大典型成为一座丰碑，铭刻在人民心中。

穆青以深入的采访和生动的笔触，精心刻画出一个个凸显时代精神和风貌的典型人物。《铁人王进喜》中为新中国经济建设拼上性命大干的“铁人”王进喜，《为了周总理的嘱托——记农民科学家吴吉昌》中百折不挠的植棉模范吴吉昌，《一篇没有写完的报道》中一辈子为绿化荒山默默奉献的“老坚决”潘从正，《两张闪光的照片》中为建设红旗渠不怕流血牺牲的任羊成……他们的形象深入人心，震撼了读者的心灵，成为激励中国人民投身建设事业的宝贵精神财富。

挺立时代潮头

从战争年代到改革开放新时期，穆青总能立于时代潮头，准确把握时代跳动的脉搏，表现关乎国家命运、时代进步的重大主题，报道体现党的主张、反映群众呼声的新闻事件、模范人物和先进事迹，为党和人民事业的大局服务。

1945 年秋，穆青参加由吴文焘率领的解放日报社和新华社先遣队，从延安出发，经张家口转赴东北。1946 年 2 月，穆青到东北日报社工作。刚到报社不久，他就接到紧急任务，前往北部山区采访东北抗日联军领导人周保中将军。穆青先是抓紧采写了《周保中将军答记者问》，随后搜集抗日联军斗争的材料，深入采访近半个月时间，撰写了 12000 字的长篇纪实报道《抗日联军 14 年斗争史略》，以无可争辩的事实和大量材料回答了谁是东北大地的主人、谁有权接收东北的问题，有力配合了当时的政治斗争。

“文革”结束后，穆青组织、采写了一批报道，冲破“左”的思想藩篱，在党和国家的历史性转折中作出贡献。如1978年3月，新华社播发由穆青、陆拂为、廖由滨采写的人物通讯《为了周总理的嘱托——记农民科学家吴吉昌》，以扎实的采访描写了吴吉昌坚韧不拔的先进事迹，再现了“文革”的动荡和混乱，被认为是“最早公开发表的对‘文化大革命’持否定态度的人物通讯”。1978年11月，穆青与曾涛社长一起，组织编写和签发消息《北京市委宣布一九七六年天安门事件完全是革命行动》，促成天安门事件的彻底平反，被认为是开始拨乱反正历史进程的标志。1981年1月，新华社播发由穆青、郭超人、陆拂为采写的《历史的审判》，这篇鸿篇巨作高屋建瓴，气势磅礴，彻底清算了林彪、“四人帮”的罪行，被称为“法庭外的起诉书”。

改革开放时期，焦裕禄精神被赋予新的时代意义。1990年夏，穆青、冯健、周原重访兰考，把握时代脉搏、感受人民呼声，写出发人深思的通讯《人民呼唤焦裕禄》，表达群众对焦裕禄的怀念之情和呼唤焦裕禄式的好干部的热切心情，再次引起强烈反响。时任福州市委书记习近平夜读长文，感慨万千，填词《念奴娇·追思焦裕禄》，表达了爱民为民、勇于担当的坚定情怀。2014 年 3 月，习近平总书记重访兰考时，又深情朗诵了这首词。

邓小平南方考察前夕，中国改革发展又面临一个紧要的关口。1991 年底，穆青带头实地调研，与胡国华、王志纲走访珠江三角洲，写下长篇通讯《风帆起珠江》，以广东生动雄辩的变化事实，为改革开放鼓与呼。

《穆青传》作者张严平曾说："每到中国历史发展的关键节点，老头儿（穆青）都会有新闻力作问世。"穆青以敏锐的政治目光、强烈的担当意识，把基层当作新闻富矿细勘精挖，始终驰骋在时代的前列，忠实地实践着他所坚持的原则：党的新闻工作者"要关心大局，把握大局，要时时刻刻把党的事业、国家的前途、人民的疾苦放在心上，要同党、同国家、同人民同呼吸、共命运、齐爱憎"。

践行"勿忘人民"

穆青一生忠实践行"勿忘人民"，时时不忘自己是"人民的记者"，扎根人民群众，以浓墨重彩为人民群众立传、反映人民群众的呼声、讴歌人民群众的伟大创造。“勿忘人民”，是穆青几十年新闻实践经验的宝贵结晶，也是他能够写出一大批新闻名作的“秘诀”。

穆青16岁参加八路军，将自己的名字穆亚才改为穆青，寓意将宝贵的青春献给革命。艰苦卓绝的革命战争培养了他对人民群众的深厚感情；在解放日报社工作期间接受无产阶级新闻观教育，更加深化了他对群众的认识。1945年12月在赴东北途中，穆青因赶雪路，腿和靴子冻在一起，借宿人家中一位素不相识的老大爷把穆青冻麻木的双脚放在胸口，用自己的双手慢慢揉搓，直到他冻僵的双脚渐渐恢复知觉。这件事情深深感动了穆青，79岁时他在日记中写道：“我经常告诫自己——你的这双腿甚至生命都是老百姓保护下来的，今生今世，无论什么时候都不能忘记他们。”这种与人民群众水乳交融的感情不断在穆青心中凝结，“勿忘人民”成为他一生的坚守，并深刻体现在他的新闻作品中。

穆青认为，新闻记者必须对劳动人民怀着深厚的感情，因为人民是创造历史的主体，是我们新闻报道的主角，人民的活动是新闻的主要源泉。多年来，穆青虽然身居高位，却从未离开过普通群众。无论工作多忙，他都要挤时间到基层、到农村大地走一走，看一看，将维护群众利益、倾听群众呼声、反映群众心声作为自己的使命。20世纪70年代到90年代，他六访兰考，八下扶沟，四去宁陵，八进辉县，两上红旗渠。他的笔和镜头始终对准人民群众，那些广为流传的人物报道的主角，几乎全是普通群众和基层干部，其中多数是农民。著名的《十个共产党员》一书中，报道对象都来自基层，最大的“官”是县委书记。

穆青与群众心心相印，半个多世纪的新闻生涯中，结交了许多工人、农民、战士、基层干部、知识分子等知心朋友。1979年4月24日，新华社播发穆青、陆拂为采写的通讯《一篇没有写完的报道》，记述了人称“老坚决”的河南植树模范潘从正长年与风沙搏斗、绿化沙荒的事迹。穆青早在20世纪60年代到河南采访时即发现了潘从正这一典型，但由于国内政治环境变化，直到改革开放初期，才又继续采访，完成了这篇影响甚广的报道。穆青和潘从正也结下了深厚的友谊。又如，穆青从1966年就和任羊成相识，到1994年才写出《两张闪光的照片》；

他和郑永和相识20多年，先后见面、深入采访了6次，才写成报道《情系人民》，长期的相处、采访和酝酿，使得他写出的这些模范的故事更加生动而深刻。

穆青密切联系人民群众，深入基层，也由此获得大量鲜活的新闻素材，推出众多经典报道。如1982年9月，已担任新华社社长的穆青与周原赴河南采访，他们看到农民在新生活中焕发出的空前的创造力，写出了“河南农村见闻”一组六篇，稿件有如“欢快的田园交响曲”，为农村涌动的改革春潮传神写照，这组报道影响深广，其中《抢财神》一文后来被选入中学语文课本。

从记者到社长，穆青一直大力提倡调查研究。早在1957年，他就旗帜鲜明地指出深入实际、调查研究的极端重要性，强调“调查研究是我们业务建设上的根本性的问题，也是记者重要的工作方法”。1964年，他在新华社国内分社社长会上作了关于调查研究的报告，系统梳理了调查研究的态度、方法、内容等。改革开放以来，穆青几乎年年都强调调查研究的重要性，指出调研是记者的“基本功”、“生命线”、成才的“必由之路”。穆青是这些观点的热烈的倡导者，更是坚定的实践者，他的新闻名篇无一不是坚持实事求是、深入细致进行调查研究的结晶。穆青以卓越的专业素养和深沉的人民情怀，为新闻工作者树立了光辉的榜样。

（撰稿：新华社研究院王会）

谢文清

求真务实敢言的驻外记者

谢文清是一位从业经历丰富的新闻工作者。他在革命战争年代曾担任俄文翻译、报社编辑、随军记者等职，经常单枪匹马深入前线采访，参加过辽沈和平津两大战役的报道工作。新中国成立后，谢文清长期在新华社工作，历任湖南分社社长，华沙分社、莫斯科分社首席记者，国际部主任，香港分社副社长等职。谢文清以丰富的驻外经历和实事求是的调研态度，撰写了大量的新闻稿件，并且为中央决策提供了有益参考。

单枪匹马　深入前线采访

谢文清出生于河南武陟的一个农村家庭。抗日战争期间，他参加了八路军，加入了中国共产党。1941 年进入延安军事学院俄文队学习。1945 年 10 月，谢文清随延安干部团经过二十多天的日夜兼程行军，从延安经张家口到热河省承德市。热河省委从干部团中挑选了含谢文清在内的一批干部留在热河工作，随后谢文清被派往赤峰。

当时热中地委所在的赤峰市驻有苏联军队一个师的政治部。热中地委让谢文清负责翻译俄文宣传短文等工作，并在夜里收听张家口和重庆的广播新闻，同懂汉语的苏军工作人员一起译成俄文，供苏军政治部领导人参阅。1946 年 3 月，苏军从热河撤到外蒙古，谢文清到赤峰中学担任教导主任一职。因在《民声报》上发表了一篇关于学生工作的报道而被报社负责人看中，经热中地委同意后，谢文清调入民声报社担任编辑工作，从此走上新闻工作岗位。

1946 年 10 月，《民声报》和《冀热辽日报》合并成《群众日报》，报社同时也是新华社冀热辽分社。1947 年初，谢文清担任《群众日报》和新华社冀热辽军区前线记者，被派到第四野战军第八纵队随军采访。这期间，他骑着一匹马，带着一支手枪在八纵和十一纵各师、团、营到处活动采访，给《冀热辽日报》发回了五六十篇关于部队生活的稿件和战地报道，其中有些由报社转发给新华总社采用。

在这些描写部队生活和战斗经历的作品中，较有影响的是关于 1948 年 4 月 20 日解放军攻克隆化战斗的报道。当时为了及时采访到最新的战斗消息，谢文清隐蔽在炮兵阵地后山的密林中；为了看清地形和战士们的战术动作，他又赶到所在师的指挥所眺望战斗情况。他曾经冒着敌军机枪射击的危险抢拍照片，甚至身后还有子弹打在地上冲起的尘土；也曾看见采访对象被流弹击中头部而英勇牺牲的壮烈情景。前线的战斗、采访生活给他带来了巨大的震动和创作的激情。

著名的战斗英雄董存瑞就是在攻克隆化的战斗中牺牲的，谢文清在深入前线的采访中了解到还有几位爆破英雄也在隆化牺牲。他在《挂帅和点将》一文中提到的几名"元帅"（爆破手）和"大将"（专门负责用火力掩护爆破手，由爆破手点名掩护自己的机枪射手）中，介绍了这些烈士在攻击苔山守敌时英勇牺牲的光辉事迹。

1948 年 10 月，谢文清奉命去采访辽沈战役中解放锦州的大战，辽沈战役结束后又从前线回到后方，并在年底随报社进入关内。紧接着他又以新华社记者的身份被派到四野第二纵队去采访平津战役。谢文清在回忆文章中表示，为可以参加三大战役中的两大战役报道而感到无比光荣。我们在他的新闻作品中，可以频繁地看到战士、班长、排长等普通军人栩栩如生的形象，这同他长期深入基层，与解放军指战员们并肩生活战斗是分不开的。

实事求是　开展社会调研

在长达几十年的新闻生涯中，谢文清十分重视观察基层人民的工作生活状态。无论国内还是国际，战争时期还是和平年代，他总是以求真务实、敢说真话的工作原则和深入实际、深入基层的调研态度去挖掘社会问题背后的深层原因。

1949 年 3 月 12 日，谢文清在《天津日报》副刊上发表特写《我有说话的必要》。文章通过一场纺织工头和工人之间的纠纷，反映出天津解放后工人的合法权利有了保障这一重大变化。这篇短文引起了当时在天津视察的刘少奇同志的关注，刘少奇同志特地作了一番评论，指出此文提出的问题值得注意。

1953 年 5 月，谢文清调入总社国际部，7 月至 8 月底先去波兰和保加利亚临时访问，9 月赴莫斯科分社担任实习记者。在莫斯科待了半年后，谢文清于 1954 年 4 月赴波兰华沙，担任新华社华沙分社首席记者。

驻波兰期间，谢文清在当地人民中十分活跃。他认为作为一名记者，不能整天闷在家里看报纸，开展采访活动、了解当地社会生活、结识各界社会人士，才是掌握波兰国情、人情和城乡风物的关键所在。他怀揣“走出门去看一看”的心态，大量接触波兰的普通百姓。从 1955 年底开始，谢文清在华沙的新闻界和工厂、农村广泛采访调研，结识了一批可以深谈的朋友，观察到最真实的社会现象。

谢文清的社会调研工作细致入微，大到国家的贸易政策，小到自由市场一根黄瓜的售价，都是他观察的对象。即使在波兰需要花费大量时间排队买菜这样的生活细节，也可以成为他研判社会问题的佐证。

在华沙，谢文清活动最多的地方就是波兰记者之家和波兰通讯社，其次是东欧各国如罗马尼亚、南斯拉夫、捷克斯洛伐克等国的驻波记者站。波兰记者之家是波兰记者协会的地址所在，他经常在这里的咖啡馆同波兰或外国驻波兰的记者喝咖啡、畅聊，偶尔还能获取从别的渠道和场合听不到的历史与社会情况。他游刃有余地游走在社会各个阶层中，进行广泛的采访和社交活动，搜集到许多在波兰上层社会中和公开报刊上无法获取的报道素材。更重要的是，他在分析研判这些素材的基础上，逐渐对波兰政局的发展有了深刻认识。

敏锐观察　研判国际局势

1956 年夏，波兰发生了“波兹南事件”，位于该国西部的波兹南市出现工人罢工，在波兰掀起轩然大波，也成了国际关注的大事。

谢文清曾在回忆文章中提到，那时人们很难理解在工人阶级当家做主的社会主义阵营各国，为什么会出现工人罢工？由此又会给波兰政局和波苏关系造成怎样的影响？作为新华社驻波兰记者，他深感自己有责任向中国读者反映清楚这些问题。而要回答这些问题，就必须作详细的调查研究，提出有力的论据。他的调查研究分两个层次，一是听官方的，二是听民间的。通过广泛采访官员、知识分子、工人、农民等各阶层人士，他了解到不少情况。在此基础上，加工整理，分析综合，形成观点，作出判断。

谢文清向中国驻波兰大使馆提出了他对波兰局势的分析和意见，认为“波兹南事件”主要是由于波兰国内经济困难、政府领导失策，而导致工人群众不满引发的，波兰在政治生活、经济管理等领域将发生很大的变化，但不存在脱离社会主义而投向资本主义的问题。他的观点与当时中国驻波兰大使馆大部分同志的意见有分歧，王炳南大使将这两种意见都发回了北京。中共中央在比较之后认为谢文清的看法是比较切合实际的。在此前后，谢文清还采写了很多调研报道，为中央决策提供了重要参考。1957 年 1 月，周恩来总理率领中国党政代表团访问波兰。在紧张的访问日程中，周恩来在去伏罗茨瓦夫的火车上特地接见了谢文清，听取他对波兰情况的汇报，表扬了他发回来的大量调研材料以及对“波兹南事件”走势的正确判断，并称赞道：“你说了真话，谢谢你！”

1958 年 4 月，谢文清奉调回国，先后担任新华社国际部副主任、主任等职。1979 年春，谢文清调任新华社香港分社副社长，分工负责新闻报道业务。他参与筹划“新中国新闻公司”，推动新华社中、英文电讯在香港的发行工作。1983 年后，任广播电视部副部长等职。

长期的驻外记者经历及在新华社国际部的工作，使得谢文清对国际时局变化具有较强的敏感性和洞察力。即使不在驻外记者的岗位上任职，他依然撰写了大量的国际时事评论文章，并于1983年出版了作品集《时事评论选》，书中收录了五十余篇时事评论，对美苏关系、中美关系、中苏关系、中越关系及两岸关系等都有着深刻的观察和分析。

（撰稿：新华社研究院雒悦）

王殊

以调研跨越新闻与外交

从记者到大使，王殊的经历独特而又非凡。24 年的新华社记者生涯中，他做驻外记者长达 15 年，历任驻巴基斯坦、加纳、几内亚、马里、刚果（利）、古巴、联邦德国等国记者，采写了大量公开和参考报道，为拓展中国对外关系、服务党中央决策发挥了重要作用，特别是为中国和联邦德国建交作出突出贡献，其间数次获得毛泽东、周恩来的接见和称赞。“要做好驻外记者的工作，最重要的是要大力开展对外活动，广交朋友，观察动向，做好调查研究”。王殊取得殊荣的背后，是他对这一经验长期不懈的实践。

揭露美方遣返战俘谎言

王殊 1942 年考入上海复旦大学外文系英文专业。1946 年 4 月，地下党在北平、上海动员大批懂英文的同志到苏北解放区担任翻译，尚未读完大学的王殊响应号召到苏北淮阴，先后在苏皖边区政府教育厅编审室任编辑、华东野战军卫生部医校当教员。1948 年 10 月，热爱文学的王殊调到新华社华东野战军前线分社，开始了他的记者生涯。

王殊来到新华社，即接受了一个月的新闻速成强化训练，学习新闻最基本的“5 个 W”、当好部队记者的一些基本常识。这个特殊的“速成班”，有着浓厚的战时色彩，教员大多是参加过多次战役的前线分社记者，而教学主要内容则更多是让学员懂得“要当好新华社记者，就得有不怕死的精神”，这种革命精神深深感染和影响了王殊。随后，王殊作为军事记者参加了淮海战役、渡江战役和解放上海的报道。他既在编辑部工作，也采访前线部队，在实践中逐渐提高了新闻采写技能。

1951 年 11 月，王殊来到朝鲜前线的新华社志愿军总分社工作。他被派到鸭绿江边的碧潼战俘营采访美军战俘。王殊每天抓紧时间听外国广播、读外电、看外文书报，向战俘营的干部和翻译请教、与战俘聊天，提高英语水平，了解世界大事，研究敌人宣传动向，增强国际宣传斗争的经验和水平，勤学苦练中报道工作很快有了进步。

当时，遣返战俘问题是双方谈判斗争中最复杂艰难的问题，也是新闻报道领域我与西方媒体斗争焦点。新华社记者采写了大量关于战俘的报道，王殊的新闻作品就是其中的佳作。1952 年 5 月，在采访被俘空降特务的过程中，王殊和志愿军战俘管理人员一道，反复向他们宣讲政策，解除其思想顾虑，终于使他们讲出美蒋特务扣留我战俘的事实。王殊收集到这些具体生动的材料后，立即写出了两篇针对性和战斗性很强的报道:《所谓“自愿遣返”的真相——巨济岛美方俘虏营第72联队的血腥内幕》和《巨济岛地狱景象——美方在巨济岛战俘营中残害我方被俘人员的血腥暴行》,发表在《人民日报》第一版上,引起国内外的广泛重视。毛泽东在写给志愿军司令员彭德怀和停战谈判代表团团长李克农的电报中特意提到,新华社记者王殊的报道提供了特务罪行的种种事实,谈判代表团要用这些事实在谈判桌上揭露美方强迫扣留战俘的阴谋。

广泛采访掌握驻在国情况

长期担任新华社驻外记者,从一个国家到另一个国家,不断进入陌生的工作领域,如何做好采访工作?学好语言、当好社会活动家是王殊的心得。王殊认为,“对于一个驻外记者来说,首先是语言”“记者应当成为社会活动家,不但要会说、会写,而且要会交际,会了解和收集新闻材料”。

早在1955年,王殊随我商贸代表团出访叙利亚、黎巴嫩、沙特阿拉伯等国家。随团采访中,王殊发现自己不仅外文不够用,而且不善于结识朋友,在宴会上往往“一言不发”,在招待会上常常“靠边站”,这对开展工作十分不利。此后，他开始注意学习驻在国语言、学习开展对外活动。每到一个新国家，他尽量多看一些有关这个国家的书刊、电影、电视，抓住核心要点研究问题；并利用各种机会同各类人士接触，积极主动地与当地新闻界、政界、经济界、知识界等建立密切联系，因而能很好地掌握驻在国重要内外问题的最新情况，使自己的报道建立在扎实调研的基础上。

20 世纪 50 年代后期，周恩来总理指示，撒哈拉沙漠以南非洲的民族解放运动正在高涨，我们对那里的情况很不了解。新华社要设法派记者到那里去了解情况，结交朋友，为外交工作试探道路。1959 年，王殊被派到撒哈拉沙漠以南非洲工作。单枪匹马的王殊 2 月份到达加纳首都阿克拉后，立即着手采访并争取建立分社。他广泛采访，从加纳的国内大事、经济生产，到社会生活、民俗风情，无不涉猎，作品发回国内后采用率很高。随后他又进入几内亚采访。经过王殊的努力，新华社在几内亚、加纳先后设立分社，打破了我们与非洲长期以来相互隔绝的局面。为向国内提供及时、正确的情况，王殊苦学法语，尽可能多地访问非洲国家，同这些国家各阶层代表人物接触交流，了解他们的看法和态度，向他们宣传中国共产党和中国政府的立场和政策，为中国同其中一些国家建交做了许多沟通、铺垫和促进的工作。

王殊始终十分注意及时掌握驻在国内外的情况，在一些重大事件的采访中，及时给中央提供重要信息。1961年在刚果（利）动荡局势中，根据总社指示，王殊和同事钱嗣杰冒着生命危险到斯坦利维尔进行了2个月深入采访，得到大量第一手材料，判断当时的总理基赞加和他的政府难以坚持下去。他们立刻回到北京向外交部作了汇报。果然王殊等人重回斯坦利维尔不到20天，基赞加就宣布临时政府解散。回忆起这段在刚果（利）动荡不安的局势中险象环生的经历，王殊深有感触，他说，“作为一个驻外记者，重要的就是亲临第一线获取第一手的可靠材料。复杂多变的局势必定会引起多种议论，记者多深入、多了解，才能作出客观的、符合实际的判断，从而为国内有关部门制定方针、政策提供可靠的依据”。

王殊认为，记者在国外第一线工作，做好现场报道也是重要任务。1962年3月他开始常驻古巴，经历了当年10月震惊世界的古巴导弹危机。分社三位记者坚持到第一线采访，日夜奋战，在前后两个月中一共发了150多篇消息和通讯，对中国人民了解古巴人民的斗争起了很好的作用。中宣部和总社两次去电表扬分社全体工作人员，总社在古巴导弹危机报道的总结中一再强调了现场采访的重要性，要求记者都走出门去采访，写出更多更生动的消息。

深入调研助力外交工作

1969 年底，因新华社驻联邦德国波恩分社记者患病需回国治疗，王殊“临时救场”被派往联邦德国。当时我国同联邦德国尚未建交，在相当长的时间里波恩除了新华社分社外没有其他的中国机构。王殊深入调研、潜心研究、灵活机敏开展对外活动，为两国建交作出重要贡献。

王殊过去一直在第三世界的英法文地区工作，对欧洲的情况知之甚少。他到波恩后两眼一片漆黑，当时的翻译同志德语口语较差，工作十分困难。王殊甚至后悔接受到联邦德国的任务，可一想到周总理的厚望、总社的嘱咐和老同志的期待，王殊决定振作起来。新华社有过要求，驻外记者要有三分之二的时间在外面采访，坐办公室不超过三分之一的时间。实在无事可做，可以到街上去同群众交谈，或者逛逛店铺，了解当地民众生活。王殊以多年的实践体会，深感这条经验十分重要，记者只有在对外活动中深入调查研究才能做好新闻报道工作，提高自己的本领，一天到晚只是坐在办公室里抄报纸听广播是不行的。

为了打开工作局面，王殊加强德文学习，给分社请了一位懂英语的德文老师，教德文、帮助讲解报刊文章。他以45岁学语言的“高龄”重新出发，学习第三门外语，逐渐摆脱“又聋又哑”的状态。同时，像过去到每个新的国家一样，王殊走出办公室寻找朋友、建立友谊。除了联系官方新闻机构负责人和政府、议会与党派的新闻发言人外，王殊还根据两本联邦德国记者和外国记者的名册进行电话约访，对方懂英语、法语的，便单独前往会面；如果对方只懂德语，便带翻译一同前往。几个月后，王殊认识了100多名记者，同联邦德国政经界人士也有了初步的接触和往来。此外，他还频繁出入波恩国际问题讨论会，拜访同我国有外交关系的使馆和商务处，不断增加对外接触的机会。后来，执政党和反对党在东方政策上的分歧加剧，中国问题逐渐受到各界特别是新闻界的注意，中美“乒乓外交”在联邦德国掀起了一股“中国热”。王殊积极利用这个机会大力开展对外活动，同一些名记者、政界人物建立了联系。

当时国内外十分关注苏联对外战略走向，总社要求王殊研究两个问题：一、苏联的战略是向西还是向东；二、中国与联邦德国的关系。王殊广泛了解联邦德国各界人士的观点，仔细研究报刊文章观点，在深入调研基础上，撰写了多篇国际参考报道，对欧洲态势和苏联对外战略作出分析，提出一系列有深刻见解的意见和建议，受到毛泽东、周恩来肯定。此后，根据国内指示，王殊邀请当时的联邦德国反对党领导人等政要访华，穿针引线推动两国建交。周恩来曾当面称赞王殊："你调查研究做得不错，把西德的情况摸深摸透了。"1972 年 7 月 24 日晚，毛泽东接见王殊并纵论国际形势三个小时，称赞他起了"无任所大使"的作用。当年 8 月初，周恩来接连两次在中央各涉外部门会议上表扬王殊，号召向王殊学习，希望新华社培养出 100 个像王殊那样的标兵。回到波恩后，王殊受命担任两国建交谈判的中方代表。新华社记者作为两国建交的谈判代表，这还是头一次。

1972 年 10 月，王殊调入外交部工作。王殊职业生涯跨越新闻和外交两大领域，成绩斐然，这既是时势造英雄，更离不开王殊坚持不懈的超常付出、出色的工作能力。王殊曾凝练指出记者工作的核心要素"最最重要的是要深入采访、搞好调研"。他丰富的对外交往、深入调研经验，历久弥新，为我们当前国际调研报道提供了珍贵的启示与借鉴。

（撰稿：新华社研究院王会）

冯健

『严』『细』相宜写新闻

冯健是新华社著名记者，曾任新华社党组副书记、副社长兼总编辑。他与穆青、周原合作采写的《县委书记的榜样——焦裕禄》，至今仍被人们奉为新闻作品的典范之作。他采写或参与采写的新闻名篇还有《英勇搏斗 100 天——记武汉市人民的防汛斗争》《管得宽》《中南海的春天》《人民呼唤焦裕禄》《潮涌中州》等，著有《冯健通讯选》《管窥集》《一斑集》。冯健以“严”和“细”著称，读他的文章，会被他严谨的文字和逻辑、深邃而入微的观察力所折服，亦会为贯穿其中的情感力量所震撼。

开封学新闻

冯健的新闻生涯是从河南开封开始的。1948 年 10 月开封解放，从国统区进入豫西解放区不久的冯健，在中原大学短暂学习之后，被调到刚刚成立的开封日报社和新华社开封分社担任编辑、记者。那时报社和分社对外挂两块牌子，对内是一个机关。

冯健在中央大学政治系学习期间，就秘密加入了中国共产党，曾参与编印进步学生报刊。开封日报社、新华社开封分社的副社长戴邦成为他正式从事新闻工作后的第一个老师。戴邦手把手一篇一篇、一段一段教他如何编写广播稿，还告诉他要有“立足开封，面向中原解放区，面向全国”的观点。戴邦的耐心和严格，给冯健留下了深刻印象。

冯健在开封日报社、新华社开封分社工作了大约半年。除编辑稿件外，他还采写了《商丘行》等新闻作品。《商丘行》是冯健走上新闻工作岗位后的“处女作”，他深入商丘街头、商会、火车站、运输队等调研采访，以所见所闻生动报道了商丘解放后人民政府进行市政建设和支援淮海战役前线工作的情况，稿件在《开封日报》连载了3天。

1949 年 4 月中旬，冯健和从东北南下的一批新闻干部一起，沿津浦路乘火车奔赴南京，又转往江西，参与筹建《南昌新闻》《江西日报》和新华社江西分社。

报道火热的经济建设

新中国成立后，恢复国民经济和进行经济建设成为当务之急。冯健在新华社主要从事财经和工业报道，他业务水平迅速提高，新闻写作日臻成熟。

1951 年至 1958 年间，冯健在武汉新华社中南总分社和湖北分社担任记者。随着国家经济建设第一个五年计划的实施，国家156项重点工程中有8个重点项目在湖北先后开工兴建，分社派记者驻工地蹲点调研，对重点项目进行重点报道。冯健先后到武汉长江大桥、武汉钢铁公司、大冶山铁矿等建设工程深入采访，倾听工人们的心声，感受他们巨大的工作热情，以及所创造的日新月异的新纪录，写下《十月的长江大桥工地》《大冶山见闻》《百折不挠的人》等稿件。

1954年，长江遭遇特大洪水，以武汉为中心的长江中游抗洪斗争举世瞩目。冯健和分社其他记者一起投入抗洪报道，日夜奔波在百里洪堤上。他采写的通讯《英勇搏斗一百天》，记录了在紧张防汛的日日夜夜里，武汉人民与洪水顽强斗争的动人场面，以及全国人民对武汉的关怀和援助。当年，他被评为武汉市防汛抗洪二等功臣。

1958年秋，冯健从武汉被调到总社国内部，从事工业报道。1964年，他参加了由中共中央书记处决定、首都新闻单位组成的记者团前往大庆油田采访。记者团共20多人，由人民日报社副总编辑王揖任团长，冯健任党支部书记。大庆油田先后为记者团组织了20多次座谈会，并组织他们到生产第一线采访钻井工人、采油工人、工程技术人员和指挥人员。亲临其境的采访，使冯健深刻感到：中国石油工人为了摘掉贫油帽子、给工业插上腾飞的翅膀，经历了多么艰苦卓绝的斗争！大庆人这种艰苦奋斗、自力更生的精神，深深鼓舞了他。通过扎实的调研，冯健写下一本本厚厚的采访笔记，掌握了大量第一手材料，采写了《永不卷刃的尖刀——记大庆油田1202钻井队》《在岗位上》等新闻通讯，真实记录了大庆石油工人为实现祖国石油自给，在大草原上进行的具有划时代意义的艰苦创业。这次采访是大庆油田开采5年之后首次向国内外公开报道，记者团所采写的关于大庆的一系列报道发表后，在国内外引起了强烈反响和极大关注。

难忘焦裕禄报道

1965年冬，冯健随新华社副社长穆青到河南分社。在听取记者汇报时，他们了解到兰考县委书记焦裕禄带领全县人民，与自然灾害作斗争，最后献出宝贵生命的事迹。穆青认为，这样的典型在全国具有非常重要的现实意义。

穆青带领冯健和河南分社记者周原一起在豫东地区先走访了几个贫困县，然后到兰考县采访。除集中采访外，在此前后分社记者还多次到兰考进行了前期采访和补充采访。

在兰考采访期间，随着调查、采访的深入，焦裕禄的形象变得越来越清晰、越来越高大，他们被焦裕禄的事迹深深感动了，一次次地流着眼泪记笔记，同兰考干部群众交融着对焦裕禄的热爱和怀念。

初稿写成后他们又经过认真研究和反复讨论修改，终于完成了长篇通讯《县委书记的榜样——焦裕禄》，1966年2月由新华社和《人民日报》发表。

焦裕禄的故事感动了千千万万人，很多人流着眼泪阅读报纸刊载的这篇文稿和收听中央人民广播电台播音员齐越那感人心弦的播音报道。此后，全国很快掀起了向焦裕禄学习的热潮，焦裕禄成为优秀共产党员和优秀县委书记的榜样。

20世纪90年代初，中央重提学习焦裕禄精神，加强党和人民群众的血肉联系。1990年春天，穆青、冯健、周原三人重返兰考采访。这次到兰考，他们看到当年风沙、内涝、盐碱“三害”横行的大地，已经是泡桐成林，麦浪滚滚。当年焦裕禄带领群众种植的泡桐，已成为兰考的一门新兴产业。兰考人民的日子越来越好，也越发怀念焦裕禄。每年清明节前后，焦裕禄的墓前，都有络绎不绝前来凭吊的农民。回来后，三人合写了通讯《人民呼唤焦裕禄》，反映在改革开放新时期，人民群众对焦裕禄这样的优秀干部、对党的优良传统的热切呼唤。稿件经新华社播发后引起广泛关注。1991年，电影《焦裕禄》公映，全国再一次掀起学习焦裕禄的高潮，他们三人又合写了《焦裕禄的魅力》一文，发表在《人民日报》上。

回顾几次报道焦裕禄事迹和精神的经历，冯健表示："焦裕禄的事迹深深地教育了我。他心里想的全是人民，唯独没有他自己。我敬佩他的这种人民情怀，他是县委书记的榜样，也是我一辈子学习的榜样。"

采写中南海的春天

"文革"结束后，冯健担任了新华社国内部副主任。他与曾建徽合作采写的《中南海的春天》一稿在国内外产生了巨大反响。

1981年初，新华社党组决定并经中央批准创办政治时事性杂志《瞭望》。在组织《瞭望》创刊号稿件的过程中，社领导决定要发表一篇特稿，报道党中央、国务院领导同志为实现我国第六个五年计划，日理万机、卓有成效地工作的实践。社领导指定冯健和曾建徽合作采写这篇报道，经过反复研究，最终确定选择以中央书记处重新设立一周年为契机，报道中央领导日日夜夜为国为民操劳的情景。

在中央办公厅的大力支持下，记者在中南海进行了为期 10 天左右的紧张采访，包括参加七次座谈会和多次个别访问，搜集、记录了十几万字的资料、素材，其中有许多生动感人的事例，内容极其丰富。最后，社党组决定，在《瞭望》杂志上开辟一个“中南海纪事”专栏，以记者所见所闻的形式写出连续报道，并确定稿件在《瞭望》杂志发表的同时，由新华社转发全国。

“中南海纪事”专栏的开篇报道，就是《瞭望》创刊号上发表的冯健和曾建徽采写的《中南海的春天》。记者从冬去春来中南海内春色盎然、欢声笑语的画面写起，把读者带进了充满蓬勃奋进朝气和炽热旺盛活力的中央书记处办公室。与窗外的无限春光相比，这里一派忙碌景象，中央领导同志为尽快完成全国拨乱反正工作和加快国民经济发展日夜操劳，进行了大量卓有成效的工作。这篇通讯反映了中央书记处重新设立一年间，继承和发扬党的好作风、深入调查研究、关心群众生活和忘我工作的精神，使人们看到了中国决策层是如何开展工作的，由此更加坚定了对中国改革开放和未来发展的信心。稿件播发后引起了很大反响，《瞭望》编辑部收到大批读者来信；国内外很多媒体纷纷转发。

冯健采写的许多新闻报道，之所以产生广泛影响，与他坚持深入实际、深入群众，扎扎实实开展调查研究是分不开的。仅在20世纪五六十年代的历次调研采访中，他积累的采访笔记本就有近百本，还有大批珍贵资料。他认为，当记者最重要的就是要练好调查研究的基本功，尽可能亲临现场采访、调查、观察，力求拿到第一手材料。他曾在一篇业务文章中写道："我们作为人民的记者，应时刻注意从人民的根本利益，从党和政府与人民的血肉联系这个根本观点，去观察和选择新闻题材、新闻人物"；"要使新闻报道为群众喜闻乐见，在人民心中扎根，必须深入群众，了解群众，跟群众贴心、同心，以群众观点为尺度提炼主题，调度素材，安排结构，剪裁篇章。"他的这些经验总结，对于今天的新闻工作者仍有着重要的启示。

（撰稿：新华社研究院万京华）

李峰

『写不下去时，就去现场转』

李峰是新华社著名记者，他组织报道了新中国重大工业建设项目鞍钢无缝钢管厂的竣工，采写了轰动全国的通讯《“一厘钱”精神》《七年比一百年——算账备忘录》等名篇，写出过促进思想解放和改革开放的大量杂文随笔，主持创办了《半月谈》杂志与《经济参考报》，还曾出版共三卷的《李峰文集》。他虽不是新闻科班出身，但勤奋严谨，在数十年的新闻生涯中，他始终心系基层、挂念百姓，坚持深入社会调查研究，为党的新闻事业作出了突出贡献。

摄影佳作记录伟大人民战争

1940 年，读高小的李峰加入八路军冀中军区七分区教导队，并入了党。后来，他被选调到军分区的文艺训练班和冀中军区摄影训练班接受摄影训练，班主任是著名摄影家石少华。

李峰学习和从事摄影的道路并不平坦。1942 年 5 月，日军对冀中地区发动了一次拉网式大“扫荡”。为了便于和敌人周旋，部队中的非战斗人员化整为零、化军为民。

李峰在几个村中认了三个干娘，他白天学习，晚上到关系户家里干活。斗争是残酷的，摄影班被敌人打散了。李峰与战友宋钦曾以乞讨为生，在老百姓的保护下找到了部队。条件异常艰苦，摄影所需设备器材极其匮乏。为了练好目测拍摄距离的基本功，大家行军、走路也练习测距。毕业后他被分配到第七军分区做摄影工作。1943 年精兵简政，李峰被派往晋察冀画报社当印刷工人。

1944 年，党组织送李峰到华北联大学习，后到第二军分区做摄影工作。这年夏天，他跟随一个团的部队向敌占区山西省忻州南部的铁路沿线进发，任务是破坏日军的供给线。要破坏的铁路沿线都有敌人的碉堡，铁道位于两个碉堡之间，完全在敌人视线或炮火射程之内。为了防止被敌人发现，他们日宿夜行。为保证破路民兵的安全，部队先把敌人的碉堡围住，监视着敌人的一举一动，并布置好火力，封锁住敌人窜出碉堡的吊桥和道路。一切布置妥当，民兵用仅有的两把土造的大铁钳子，在一处拧开铁轨上的道钉，李峰用极为普通的相机，划一根火柴，点燃镁粉，拍摄了群众把整个铁轨大翻个的《切断敌人的供给线》。他们刚刚跑步撤离现场，敌人的炮弹就对着闪射镁光的地方打来。有战士诙谐地说："这是敌人欢送我们的礼炮。"

李峰当时拍摄这张照片的时候，根本没有一点拍摄"名作"的念头，这的确是他生活在前线"碰上"的照片。他觉得，老百姓能让敌人运兵运军火的铁路打滚，这种场面太出奇、太壮观、太伟大了，非常形象地显示了人民群众在人民战争中的伟大力量。所以他不怕冒任何危险，一定要抓住这个历史的瞬间，留下这伟大的人民战争的场面。

拍完这张照片他便把底片交给了组织，新中国成立后，第一次在全国性画报上发表。后来这幅照片长年悬挂于中国人民革命军事博物馆和抗日战争纪念馆，几十年来一再被媒体报道，还被选入各种全国大型影集或出国影展中。

解放战争期间，李峰参加了张家口保卫战、强渡黄河天险，随刘邓大军挺进大别山，横渡长江。他从炮火硝烟中走过，拍摄了《群众打扫战场》《敌人不投降就让他灭亡》《火线救群众》等百余幅佳作，记录了中国人民走向胜利的足迹。

勤奋钻研出名篇

李峰曾幽默地说，要是展评脑袋耐力，他可推出共产党给他安装的“自动旋转的磨盘”。这比喻表现了他寡言沉思的性格、勤奋钻研的毅力、勇于破旧立新的精神。

1950 年，李峰转业到新华社西南总分社做文字记者。当时毛泽东说：“我们熟悉的东西有些快要闲起来了，我们不熟悉的东西正在强迫我们去做。”这鼓舞他选择做了工业记者。

面对陌生的新闻业务、经济理论和生产技术，他渴望知识，盼望有个“望远镜”帮他观察大千世界。1951 年他在新华社新闻理论学习班学习了一年，废寝忘食地阅读理论著作，积累了厚厚的笔记和索引，并养成了自学理论的兴趣和习惯。李峰非常勤奋，每天 5 点半准时起床，阅读、写作，就连星期日、节假日都坚持不懈。

李峰 1953 年在经济建设高潮报道中崭露头角，在新华社鞍山分社工作期间成功组织了新中国工业建设的第一个报道战役——鞍钢无缝钢管厂竣工的报道，并担负主要采写任务，多篇稿件被《人民日报》和其他报纸登在重要位置。其中,《中国第一根无缝钢管诞生了》等被一些大学新闻院系编入教材。1954 年李峰调入新华社国内部,1956 年他采写的《中央有关部门制定了解决运输紧张问题的办法》,成为国家通讯社报道实际工作和人民生活存在问题的一个范例。他的《八千里“走马观花”记》和《七年比一百年——算账备忘录》等稿件,也都在全国产生很大反响。

1959 年,由于讲实情,李峰被当作“右倾机会主义分子”批判,两年不能采访。1962 年平反后,他振作精神,连续写出许多享誉全国的新闻、通讯和报告文学。

1963 年 3 月 24 日的《人民日报》刊载李峰和同事采写的通讯《“一厘钱”精神》并配发社论,中央及各地机关发文要求学习和发扬“一厘钱”精神。此后数十年间,一些全国性报纸还经常提及这篇通讯。

采写这篇通讯时,我国刚走出三年经济困难,党中央决定在全国开展增产节约运动。这首先需要振奋人心。这篇通讯的主题就是在这种大局下酝酿产生的。李峰他们深入北京墨水厂、火柴厂、制药厂等工厂,发现职工们重视节约每一根火柴棍和每一滴药水。对宏观形势的了解,与职工们重视节约点滴的微观事实相撞击，产生了“火花”：“一厘钱”精神这个主题思想闪光而出。

1963年李峰和同事采写的通讯《九龙江上的抗天歌》，报道了福建九龙江两岸人民战胜1000多年罕见的大旱，夺得丰收的奇迹。为了采访到细节，李峰爬上山头查真假、看实情。爬到几个山头的现场才能感受到，水是当地农民的命，有水就有共产党的威望，有水农民才信社会主义的优越性。有一个山村，全村农民为了自己的后代有“水命”，360个男人有120个名字有“水”字。这个数字，是李峰和村干部从村民花名册上一个一个数出来的。

李峰在《我当记者的视点》一文中写道：“写通讯特写，到现场还是不到现场，用眼睛采访还是不用眼睛采访，有新鲜感还是没有新鲜感，有激情还是没有激情，写出来的东西是大不一样的。所以，我有时候在基层写通讯，写不下去或写不好时，就去现场转，进行再采访，再感受，就像缺水的时候到源头去寻找。”

1971年，李峰写出《农字当头滚雪球》《“桌子”上唱起了大戏》等常州工业调查报告，引起全国性“常州热”。粉碎“四人帮”后，他受命组建新华社国内部财贸组并任组长，辛勤工作，卓有成效。1979 年他成功组织四川一百个企业扩大自主权试点的报道，承担主要稿件采写任务，多条通讯被《人民日报》在头版头条位置刊登，成为推动全国城市经济体制改革的第一声“春雷”。其中，他采写的《四川一百个试点企业扩大了哪些权》获得该年度全国好新闻奖。李峰视野开阔，写出一系列促进解放思想和改革开放的新闻作品以及杂文随笔等。

在人、财、物极端匮乏的条件下，李峰调兵遣将，开创通讯社办报刊的路子。1980 年他主持创办《半月谈》杂志，并兼任总编辑；1981 年创办《经济参考报》，兼任副总编辑。1982 年，李峰担任新华社国内部主任，他在国内部试行岗位责任制，工作定额、考核标准、奖惩办法全部量化，实行按劳分配，提高了工作效率，多出了好稿和人才。这一制度得到中央组织部和劳动人事部认可。1984 年，他被评为全国一级优秀新闻工作者，受到社长通令嘉奖。

提炼调研报道经验与心得

1986 年李峰离休，他在即将卸任的会上说，将重新在新闻战线上当一名士兵，从 60 岁起业务上有个新突破，事业上有个新高峰，以此鞭策自己。

他的通讯《乡土奇葩——记农民企业家鲁冠球》，成为当时农村整党的学习材料。他在《人民日报》发表杂文《改革要唱进行曲》，受到了中央领导的赞扬。离休后他的杂文写作进入高产期：《“见”的价值》《哲学的辟雷和狂想》等是地道的哲学小品，既有文采，又有深度。他的《假若真有位置学》，被制作成“电视政论杂文”，在中央电视台黄金时间一播再播，有十多个省市的观众来信要求重播或索要文稿。他写文章尽选大主题：《我们时代的主题歌》《奔向 2000》《在西方物质文明的暗处》等，纵论世界风云。

穆青曾为《李峰文集》作序写道：“李峰探索着写了多种体裁的通讯，多种形式的杂文随笔，多方面内容的新闻论著，在抗日战争和解放战争中还拍摄了珍贵的战地摄影作品。”“他写的深度报道多，提出问题解决问题的报道多，并以写政论式通讯和评述见长，他的好多报道对推动实际工作和鼓舞人心起了较大的影响。”

《李峰文集》第三卷是新闻论著，集中了他的理论探索与新闻改革思想。有关新闻采访学、非事件性新闻和新闻主题的论著，都显示了他理论结合实际的思维深度。

李峰提出，提炼主题取决于对大局的了解，取决于对所报道对象的调查研究和对报道目的的明确。他结合多年来经济报道的经验提出两个提炼主题的方法：一、在经济之中见思想、见政治、见规律、见真理；二、跳出事物发展的过程、时间顺序、专业圈子和行话术语的束缚，按突出主题、表现事物本质的要求组织材料。他的经济报道风格独特，能够抓住经济生活中有关党的方针政策、国民经济的比例关系、生产与消费等重大主题，反映社会变革，指导社会实践，努力做到经济和政治的统一，个性和共性的统一。他的报道有事实、有分析、有评论，蕴含着规律、哲理和真理。更加难能可贵的是，他能将经济报道中枯燥难懂的数字和技术问题写得通俗、生动，富有趣味性。

李峰说自己是“四合一”记者：要当采访对象的学

生，向他们求知；总是力求告诉读者新的东西，当读者的先生；同时他又是党和人民的耳目喉舌，是记者；还是努力写出在全国有重大影响的报道的有责任心的国家主人。

（撰稿：新华社研究院李江涛）

黄昌禄

矢志扎根边疆 深耕民族报道

黄昌禄是新华社著名记者，以民族报道闻名于新闻界。他深耕民族报道，采访调研过傣、彝、哈尼、白、景颇、纳西、傈僳、佤、拉祜、布朗、德昂、基诺、独龙、藏、蒙古、土、回、撒拉、哈萨克等20多个少数民族。在40年的记者生涯中，黄昌禄扎根基层、深入调研，为促进我国少数民族地区社会经济的发展、各民族团结进步、不同民族之间的相互理解作出了重要贡献。

“请群众来谈不能替代记者深入现场”

黄昌禄先后在新华社云南、青海、陕西、四川分社工作，一生辗转我国西部多个省份，这里民族众多、山川纵横、自然地理条件多样。每次下乡采访，都需要克服种种困难。

黄昌禄刚到云南时，全省有一半的县不通公路。1959年是新中国成立十周年，据云南分社老记者李玉龙回忆，为做好当年国庆报道，总社安排确定了“苦聪人”报道选题。

作为古时氐羌的一支，苦聪人从西北迁徙到云南哀牢山，已逾千年。这是一个曾被世界遗忘的部落，历经千年的遁迹山林，让苦聪人害怕与山外接触，成了神秘的“野人”。

新中国成立后，党和政府没有忘记苦聪人。当得知山上还有人生活时，一支支解放军和民族工作队开始进山寻找，给他们传授新的劳作技术，改变他们刀耕火种、打猎采野菜等落后的生产方式。

在此背景下，云南分社成立报道小组，黄昌禄和李玉龙等记者决定去苦聪人聚居区——云南省红河哈尼族彝族自治州金平苗族瑶族傣族自治县调研。

从昆明出发前往红河州个旧市，大家在乘坐了 2 天客运班车后才抵达。随后，黄昌禄、李玉龙就苦聪人采访了州级相关部门。几天后，乘车前往金平县城，采访一天后，当地派出县里唯一的吉普车，将大家送往勐拉乡（现为勐拉镇）。

“从勐拉到苦聪村寨只有羊肠小道，只能靠步行。”李玉龙说，当时正值雨季，他们步行了几天才来到苦聪人居住地，一路上跋山涉水、穿越森林，第一天只能在一个傣族村落歇脚，晚上洗脚时才发现每个人腿上都有七八条吸饱血的蚂蟥，用劲拍腿，它们才爬出来。因为缺少药品，伤口很难愈合。

从村寨返回勐拉时，由于河水暴涨，拉索桥上的木板被洪水冲走了，他们只能拉着桥上的钢索小心翼翼地跋涉，“稍有不慎便会跌入洪水中”。李玉龙说，黄昌禄一直在给大家讲注意事项，最终安全通过。

李玉龙介绍，当时大家白天去田间地头采访生产情况，晚上去老乡家采访，苦聪群众家里连油灯都非常少，大多时候只能借着火塘的光亮进行拍摄、记录。

为了真实记录苦聪人在中国共产党的带领下迎来光明生活，黄昌禄等人走访了一半以上的寨子，采访了苦聪群众、乡村干部、乡村教师等上百人。

在新中国成立十周年之际，黄昌禄采写的国庆专稿《苦聪人有了太阳》，被《人民日报》《光明日报》等报纸大版面采用，产生广泛影响。

新中国成立初期，少数国民党反动分子仍在边境上负隅反抗，社会并未完全安定。那时候黄昌禄深入少数民族山区调研，不仅要克服自然条件的种种困难，有时还要冒着生命危险。

1957 年冬天，黄昌禄得悉布朗族同胞下山成功种植出稻谷，决定前去采访。负责布朗山防务的团长说，境外国民党军队准备入境袭击，全团已经进入临战状态。黄昌禄说："这条新闻很重要，不能错过。"团长只好派两名战士护送他去布朗山。黄昌禄在山里走了整整一天，才到达布朗山区政府。

这里气氛很紧张，山头周围都挖好了战壕。布朗山区的干部给黄昌禄详细介绍了布朗同胞下山开田种稻的情况，本来也可以写成一篇新闻了，可黄昌禄认为应该深入现场，亲眼看看丰收后的情景，亲耳聆听布朗兄弟对新生活的感受。

当地负责同志都觉得去现场实在太危险。黄昌禄说："请群众来谈也不能代替记者深入现场，如果我不到现场采访，就是做记者的失职。"区工委书记施宜西只好带了两个武装民兵陪同黄昌禄去。15户布朗族同胞见黄昌禄到来，争相向他倾诉，一直谈到深夜12点还未结束。这时，两位边防连战士来报，境外的国民党军今夜就要进来袭击，一行6人这才踏上返回区上的崎岖山道，并做好了在途中遭遇敌人的战斗准备。黄昌禄这次千辛万苦冒险采访写成的通讯《布朗山上》，后来刊登在《人民日报》上。

重视调查研究中的量变积累

新中国成立以来，少数民族地区的发展进步是巨大的，也是渐进的。民族报道的经验也有一个逐步探索、慢慢积累的过程。在这个过程中，黄昌禄实地搜集资料，开展调查研究，为民族报道的采写积累了丰富的经验。

在云南和青海，黄昌禄对主要少数民族的历史、政治、经济、文化、风俗习惯等，都作了系统的调查，不断补充新材料。他主要通过以下几种方法：一是整理采访笔记，每次采访结束，都把采访笔记分类装订成册，以备查用；二是收集剪报，从各种渠道收集少数民族的资料，报刊上有关少数民族的报道、文章、文学作品，都剪下保存；三是购买书籍，每到一地，有空就去逛书店，特别是旧书店，凡是有关少数民族的书籍，都购买阅读并保存。这些工作耗费不少时间和精力，但一旦报道需要，这些资料便可发挥独特的作用。

1958 年 4 月，《人民日报》编辑部组织新华社云南分社（当时兼《人民日报》记者站）给报纸写一个专栏，报道云南 7 个少数民族从落后社会发展阶段直接向社会主义过渡的巨变，要求 10 天左右把稿件发到编辑部。这些民族全都居住在遥远的边境地区，如果现去采访，恐怕一两个月也难以完成。但是黄昌禄利用积累的资料，并到有关部门补充了最新情况，不到 10 天时间，即完成了包括 2 条新闻、7 篇介绍 7 个原始民族的文章、3 篇花絮和几幅图片的专栏。

20 世纪 70 年代，黄昌禄从新华社云南分社调到青海分社，与王精业成为同事。谈起黄昌禄，王精业竖起了大拇指："黄昌禄来到青海后非常刻苦勤奋，下乡很多，十分敬业。采访很细，我当时是摄影记者，也跟着他采访记录，单是我就记了整整一本，而黄昌禄每次采访完还要专门整理采访笔记，常常是同事们都下班了，黄昌禄拎上暖水瓶，一个人在单位写稿到深夜，他付出的努力可想而知。”

20 世纪 70 年代末，得知青海省优秀民族干部尕布龙的事迹后，黄昌禄与王精业沿着尕布龙成长、工作的足迹赴青海省海北藏族自治州海晏县、黄南藏族自治州河南蒙古族自治县等地深入采访。

王精业回忆，在海晏采访时，黄昌禄跟着机关干部一起下乡，一起参加劳动，经常是一边修着草场的围栏，一边抓住一切机会从侧面了解尕布龙的事迹，整整待了一个星期，采完所有内容，黄昌禄才满意地离开。此后，黄昌禄写出通讯《廉洁奉公的副省长——尕布龙》，在青海广大干部群众中引起强烈反响。

他还坚持写采访日记，把在少数民族地区采访时的所见所闻、所思所感及时记录下来。

1961 年 8 月，黄昌禄从昆明乘长途汽车去德宏傣族景颇族自治州采访。第三天晚上住在小山村瓦窑，村头有一家名为“国营瓦窑食堂”的饭馆兼旅店。有几位自称经常跑这一路的旅客，七嘴八舌地夸赞瓦窑食堂如何如何好。

黄昌禄仔细观察就餐的环境和清洁卫生状况，留心服务员的一言一行，看她们如何对待顾客。在就餐过程中，黄昌禄一边吃饭一边注意观听周围旅客的反应和谈论，并连夜把从汽车上到食堂里的见闻详尽地写进了当天的采访日记。后来，这篇采访日记变成了一篇通讯《夜宿瓦窑》。

“把他们当朋友、当兄弟”

有人问黄昌禄，现在也有记者到少数民族地区采访，但有的人走了，人家也就忘了。为什么几十年过去了，人们还记得你、问起你、怀念你?

黄昌禄说：“根本的区别恐怕在于，我们当年同少数民族群众和干部的关系，不是单纯的‘我要材料、你给我材料写稿’的那种关系，而是把他们当朋友、当兄弟，和他们生活在一起，同甘苦、共忧乐。这份深深的民族情，是难以忘记的。”

黄昌禄 1952 年调入云南分社。1954 年起，先后到红河州和西双版纳傣族自治州做常驻记者。他老老实实“沉下去”，虚心向当地群众学习，深入开展调查研究，积累了大量素材。

为便于更好地深入群众，黄昌禄努力学习当地主要少数民族的语言。1954 年黄昌禄去红河州驻点，请了一位通晓汉语的哈尼族干部当老师学哈尼语。1955 年黄昌禄到西双版纳州驻点后，系统地学习了傣文和傣语。当黄昌禄初步掌握了日常生活用语后，下去采访便直接住到傣族村寨里。傣族兄弟完全把黄昌禄当作自己人了，争相邀请黄昌禄住进他们的竹楼里，帮他制作了傣族服装，还给黄昌禄取了个傣族名字——艾松。

黄昌禄从云南调到青海后也是一样，为尽快了解青海，与当地少数民族群众拉近距离，适应牧区生活习惯，他经常从牧区买酥油和青稞面，在家里拌糌粑吃，家里人吃不习惯，他自己就蹲在走廊里吃。

下乡时，因为交通不便，许多时候黄昌禄要骑马下乡，从未叫苦。在牧区，黄昌禄常常是待在牧民帐篷里，吃着糌粑，采访群众。“一些入社多年的老记者都不一定能够适应这样的环境，黄昌禄却能和群众打成一片。”王精业说，正是因为能和群众心贴心，黄昌禄在青海才写出了很多脍炙人口的优秀新闻作品。

长期深入艰苦的民族地区采访是不容易的，黄昌禄不仅有这个定力，他还把家安在边疆，把民族报道当成毕生奉献的事业，扎根下来。黄昌禄坚信，新闻报道最丰富的源泉在基层，在人民群众中。

（撰稿：新华社贵州分社杨三军、四川分社童芳、青海分社柳泽兴）

张广友

『历史的机遇把我推上农村改革的潮头』

党的十一届三中全会后，中国的改革率先在农村取得突破。当时的安徽省委，充分调动农民生产积极性，大力支持省内出现的包产到户和包干到户生产责任制，取得显著成效，受到邓小平同志肯定。安徽省委第一书记万里身边经常跟着一位新华社记者，他就是张广友，在新华社长期从事农林报道，尤以调查报道著称，当时奉派由总社到安徽进行宣传报道，并参与安徽分社领导工作。张广友深入安徽各地调查研究，连续作了大量报道，成为新中国农村经济体制改革过程的参与者和推动者。

担当重任赴安徽

1959 年，张广友从中国人民大学农业经济系毕业后，成为一名新华社记者。

进入新华社后，他从最熟悉的农林领域出发，积极投入到新闻实践中。他奔赴条件艰苦的湖南山区调研采访，针对林业生产和山区建设情况的具体问题，采写了通讯报道《林粮间作加速山区经济发展》等，成为入职初期的代表作。

张广友在新华社长期从事农村报道。他从不计较农村环境艰苦、工作条件差、采访对象文化水平低等因素，总是找机会下到最基层，到最艰险的地方去，了解农村的实际情况，采写了大量参考和调研报道。其中，《李家店村包产到户调查》是他 1962 年下放劳动期间深入农村蹲点调查写下的，曾作为参阅文件向全县转发，1981 年被选入中央有关部门编辑的《包产到户资料选》一书，成为农村改革的重要参考资料。

作为新华社记者，张广友采访报道过许多重大事件，如 1975 年的淮河水灾和 1976 年的唐山大地震等。在回忆这段经历时，他写道："历史的机遇和强烈的事业心、责任感，把我推到了采访第一线，不仅亲眼目睹了许多重大事件，而且是采访者、记录者。"

1976 年 2 月，张广友被派去铁道部蹲点，与时任铁道部部长的万里在逆境中相识。粉碎"四人帮"后，1977 年 6 月，万里被任命为中共安徽省委第一书记。根据万里的建议，这年 9 月，张广友被新华社委派为常驻安徽记者，在万里直接领导下进行调查研究和宣传报道，并参与安徽分社的领导工作。在此期间，他随万里走访了大江南北的江淮农村，参加了安徽贯彻落实农村经济政策和农村实行家庭联产承包责任制实践的全过程，有力地报道了安徽的农村改革。

张广友后来回忆："历史的机遇把我推上农村改革的

潮头，使我在这场具有重大历史意义的农村改革中发挥了作用，作出了贡献。”

深入调查觅真知

安徽地处江淮腹地，是一个农业大省，历史上自然灾害频繁，又长期受到极“左”思潮影响，“左”的政策及旧的生产体制严重影响了农民的生产积极性，并直接导致农村的贫困落后面貌，绝大部分农民吃饱肚子的问题没有得到解决。皖东的“花鼓之乡”凤阳，素以讨饭闻名。张广友到安徽后，随万里到了很多农村考察。

他在《改革风云中的万里》一书中写道：“万里下乡调查的一个特点是：一般不打招呼，不带随行人员，有时只有我和他的秘书或警卫员、司机 4 人，想到哪就到哪，随时随地同群众进行无拘无束的交谈。他认为，这样看到的是真实情况，听到的是心里话。”在走访调查中，他们同各级干部和群众进行了广泛交谈，了解他们生产和生活情况。受“左”的思想影响，很多地区农业生产受到严重破坏，不少农民温饱问题尚未解决，有些人食不果腹、衣不遮体，生活十分困难。根据万里的点题，张广友和安徽分社记者又做了大量调查研究。

在万里的领导下，安徽很快制定了《中共安徽省委关于当前农村经济政策几个问题的规定》(简称“六条”)，针对当时农村政策方面存在的几个严重问题，拨乱反正，作了新的具体规定，突破了许多禁区，受到广大农民的热烈欢迎和拥护。张广友和其他记者一起到基层调研“六条”的反响和落实情况，特别是针对尊重生产队自主权的问题专门进行了调查，采写了《安徽大步赶上来了》《生产队有了自主权，农业必增产——安徽省定远县改变农业生产落后状况的调查》等报道。

在定远县尊重生产队自主权的报道中，记者向人们提出了这样的问题：生产队有了自主权农业必增产，那么，作为直接从事农业劳动的劳动者要不要有自主权？怎样才能使他们有真正的自主权？长期以来，农村分配中的平均主义“大锅饭”和生产上的“瞎指挥”“大呼隆”，要不要解决？怎样解决？一句话，怎么才能调动广大农民的生产积极性？

这段时期，张广友执笔采写了多篇通讯报道和调查报告，不少作品都登上《人民日报》一版头条，而且都是长篇。《生产队有了自主权农业必增产——安徽定远县改变农业生产落后状况的调查》一稿见报后，时任新华社副社长的穆青高兴地对他说：“这几天你把人家《人民日报》的头条都给包了。”

解放思想显身手

20 世纪 70 年代末期，安徽农业生产责任制的发展，经历了从不许联系产量到联系产量，从包产（干）到组到包产（干）到户的发展过程。

张广友在 20 世纪 60 年代初就采写过反映农村包产到户的调查报道，他对包产到户一直都是赞同和支持的。但在“文革”刚结束的历史背景下，“左”的思想影响还未彻底肃清，从上到下都有一些人对此持坚决抵制和反对的态度。

在落实党的政策过程中，农民萌发了彻底改革农村生产体制的要求。包产到组、包干到组、包产到户的行动在安徽等地先后发生，并不断发展，向人民公社“一大二公”（指规模大、公有化程度高）的旧体制发起了冲击。1978 年 12 月，安徽省凤阳县小岗村的农民冒着风险，秘密签订了把集体的土地包产到户的契约。在小岗人的影响下，到 1979 年三四月份，小岗周边已有 50 多个生产队搞起了“大包干”。群众对“大锅饭”体制自发进行的彻底改革，得到了以万里为首的安徽省委领导的支持，并在一定范围内逐步推广。

张广友等在调研采访中，抓住基层推行生产责任制的几个典型，反映了农村包产到组、包产到劳等调动农民生产积极性的经验和做法。他们采写的《灾年创高产 一年大变样——魏郢生产队包产到组的调查》《产量责任制使棉花大增产——新街公社棉花生产联产计酬、责任到人的调查》等稿件，使人们认识到“农业劳动计酬必须联系产量”。

1980 年 2 月，万里调任国务院副总理兼国家农委主任，为从安徽开始的家庭联产承包责任制推向全国创造了有利条件。但此时，围绕包产到户是姓“资”还是姓“社”又发生了激烈争论。根据万里的指示，张广友等写了一篇 7000 多字的文章《联系产量责任制好处很多》，于 1980 年 4 月 9 日在《人民日报》二版全文发表。这篇文章见报后，在国内外引起了广泛关注和强烈反响，对维护和推行联产承包责任制是个巨大推动和支持。

面对种种争论，张广友等记者始终没有退缩，而是奋笔疾书，为包产到户鼓与呼，针锋相对地写了多篇系列内部报道。5 月 31 日，邓小平在关键时刻发表重要讲话，肯定了包产到户。至此，围绕包产到户的激烈争论初步告一段落，开始于安徽的包产到户，迅速遍及神州大地。

1980 年冬，张广友和吴象、李千峰连续采写了五篇皖、豫、鲁农村见闻：《历史性的转折》《巨大的吸引力》

《实践的回答》《可喜的新动向》《实事求是的领导者》，共2.4万多字。1981年春，新华社在参考报道基础上公开发了通稿，《人民日报》等各大报刊载后，对全国各地加速和完善农村改革起了很大的推动作用。

敬业勤奋“富记者”

张广友被新华社的同事称为“富记者”。“富记者”，指的是长期坚持深入实际采访调研，又善于在实践中学习、积累，对所要反映的社会生活的某方面有着深刻的了解，又有相关知识学养的记者。

据曾和他一起在国内部农村组工作过的陈大斌回忆：“广友是一位勤奋的记者，但不是那种文思敏捷、下笔千言的‘才子型’记者。若以唐代诗人来作比喻，他在新华社的记者群中，应属‘苦吟’一派。长处在于敬业、勤奋，采访、调研、写作都肯下苦功。”

张广友上大学前曾在东北森林勘察队工作过，当时一年四季大部分时间工作生活都在原始大森林里，环境异常艰苦。尽管如此，他仍在业余时间孜孜不倦地学习写作，先后发表了很多反映林区工作生活的文章。大学期间，他也常给报刊等媒体投稿。他后来大学毕业能到新华社，也恰恰是因为他的写作能力比较突出。

参加工作后，他始终把熟悉和提高业务水平，作为首要目标，在采访调研和写作上下苦功，埋头扎根基层，为成为一名称职的记者付出更多的努力。

他认为，“不唯上、不唯书、要唯实”，是记者必须遵循的根本原则。作为一个记者，怎样才能真正做到维护党和人民的利益？最根本的一条就是必须从实际出发，也就是“唯实”。他希望年轻记者要有责任感和正义感、有历史使命感，要珍惜记者的荣誉，不辜负人民的期望。

在农村改革的重要历史关头，张广友站在最前沿，不畏艰苦深入调研，冒着巨大的风险支持包产到户，用手中的笔，忠实记录了历史前进的过程，为农村改革奔走呼号，受到广大农民的欢迎和中央有关领导的好评。他自言遵奉的信条是：对事实负责，对历史负责，回首平生无憾事。

（撰稿：新华社研究院万京华）

顾迈男

『她是我们科学院的人』

顾迈男从1962年起担任专职科学记者，一直在中外科技界采访，与中国科学事业以及科学家结下不解之缘。她以科学的精神、非凡的智慧、执着的追求广泛深入地进行调查研究，撰写了大量在国内外科技界产生较大影响的通讯、特写和消息、述评等稿件，讴歌了中国科学事业的辉煌成就及创造奇迹的科学家们，被誉为“科学家的代言人”。

用科学的精神做新闻

顾迈男，曾用名顾迈南。1953年调入新华社，不久便开始在报刊上发表文章。20世纪60年代初，顾迈男在新华社社长办公室担任机要秘书。在这期间她有机会接触和阅读党内外的重要文件，学习党在各个时期的方针政策，为她后来从事采访调研工作打下了良好的理论基础。

在周围环境的熏陶下，顾迈男逐渐产生了想当一名记者的强烈愿望。后来在朱穆之的推荐下，她终于如愿调入国内部当了一名科学记者。顾迈男十分珍惜来之不易的工作机会，她认真拜读老记者的新闻作品，积极学习人文历史等各领域的知识，不断充实自我。除去日常在编辑部的工作之外，她还花费大量时间深入北京三里河（中国科学院和国家科委的所在地）和北京西郊的各个研究所，进行调查研究，寻找选题，开展采访。

1962 年一个晴朗的夏日，顾迈男来到位于北京中关村的中国科学院动物研究所，采访著名昆虫学家马世骏和他的助手。这是顾迈男的第一次采访，她怀着兴奋的心情一头扎进实验室里虚心学习，一边听一边看一边向科学家及时请教，仔细观察蝗虫的生活习性和活动规律。她了解到科学家们进行研究活动的工作过程，以及他们取得成功的不易，写出了题为《揭开蝗虫生活之谜》的通讯。经《人民日报》发表之后，这篇报道即以文字流畅、内容充实、情节生动、妙趣横生等特点吸引了许多读者关注。

此后，她接连采写了通讯《盐碱地上好庄稼》等，还报道了北京科学讨论会等中国科技界发生的重大事件。科学家严谨细致的工作作风、精益求精的职业精神、顽强拼搏的工作意志，潜移默化影响着顾迈男。她像一位严肃认真的科学家一样对待自己的每篇稿子，稿件中所涉及的科学知识都是经过她深入调研、反复求证、字斟句酌才落于纸上的。

1963 年夏天，中国科学家在陕西蓝田发现了猿人头盖骨化石。为了使报道真实、准确，顾迈男怀着一颗甘当小学生的心，就一系列问题向裴文中、贾兰坡等著名科学家虚心请教，同时阅读达尔文的《物种起源》和恩格斯的《劳动在从猿到人转变过程中的作用》等著作。为了全方位、多角度、全面客观地反映事件的本末及其重要影响，她除采写消息稿外，还精心撰写了一篇五千余字的通讯，并送给中国科学院院长郭沫若和著名地质学家李四光审阅修改。1965 年 1 月 7 日，《人民日报》头版头条刊登了她采写的消息，并在第三版以通栏篇幅刊登了她写的长篇通讯《蓝田猿人化石出土记》。文章细腻生动、活灵活现，介绍了中国科学院古脊椎动物与古人类研究所有关科学工作者、工人发掘和修理猿人化石的活动，一时间引起轰动。

在务实的路上迎春风

众所周知，在数学的基础理论研究发展史上，哥德巴赫猜想可以说是和费尔马问题、孪生素数问题并列的一大难题。

1972 年，《中国科学》杂志全文发表了中国数学工作者陈景润的论文《大偶数表为一个素数及不超过两个素数的乘积之和》，在国际上引起强烈反响。1973 年 4 月的一天，顾迈男在中国科学院参加一次报告会，时任科学院负责人的武衡在报告中提到一位年轻的数学工作者在数学的基础理论研究方面，取得了一项具有世界先进水平的研究成果。凭借记者的职业敏感，顾迈男当即询问坐在身旁的人："武衡讲的是谁？"得到的回答却是："是个怪人，已经快死了。"

顾迈男怀着沉重的心情，决定采访一下这个"怪人"。她很快来到中关村数学研究所，见到了陈景润。时值暮春，陈景润却穿着一身厚厚的棉裤棉袄，戴着蓝棉布做的鸭舌帽，还饱受着结核病、低烧等疾病的折磨。经过采访，顾迈男被这位数学家的世界深深地震动了，一时间眼前所见、心中所思全部都是陈景润那间六平方米的小房间，房间里摆放着分散在各处的书，独坐着一个病弱却执着的身影，承载着一颗全心全意扑在数学研究上的心。

在以后的大约一周时间里，顾迈男开始蹲点中国科学院数学研究所，深入采访陈景润及与陈景润一起工作过的乔立风等人，获得了大量的第一手素材。随后她写了报道《中国科学院数学研究所助理研究员陈景润做出了一项具有世界先进水平的成果》，记述了陈景润似痴若愚地钻研哥德巴赫猜想取得的成就；还有一篇报道题为《助理研究员陈景润近况》，真实地记述了陈景润的艰难处境：患有严重的结核病，过着极为简朴的生活。她呼吁有关部门能关心陈景润的身体健康，为他医治疾病，让他专心致志地把哥德巴赫猜想继续研究下去……

报道得到中央领导同志高度重视，安排陈景润前往医院治疗。4 月 25 日凌晨 3 时，中国科学院负责人武衡到中关村宿舍向陈景润传达中央领导指示，却发现陈景润仍在全神贯注埋头演算。顾迈男就这个凌晨发生的故事写了一篇题为《他移动了群山》的报告文学，感动了千千万万的读者。

1978 年 3 月，全国科学大会在北京隆重举行。这次大会是中国科技发展史上的一个里程碑，昭示着祖国大地迎来了“科学的春天”。一个尊重知识、尊重人才的新时代到来了，科学记者顾迈男也迎来了事业的黄金期。她接连采写了新闻作品《毛主席和科学家》《李政道教授在中国讲台上》《访陈景润》《丁肇中教授谈科学实验》《中国现代妇产科学的开拓者——记林巧稚教授》《“两弹”元勋邓稼先》等在国内外引起较大反响的稿件，积极书写着科学工作者们的动人事迹。

以友人的姿态去采访

早在 1949 年 11 月中国科学院成立之初，北京中关村即聚集了一大批中国科学事业的开拓者和奠基人，如华罗庚、邓稼先、钱三强等。他们坚定追求科学真理，甘于贫苦，敢为人先，乐于奉献，淡泊名利，甘为人梯，把毕生的才华和精力奉献给了祖国。作为他们的“代言人”，顾迈男长期扎根在中国科学院一带，以一个知心朋友的姿态走近这些科学巨擘的科研成果和精神世界。

在一次次深入采访中，顾迈男与中外科学家的交往也逐渐深入，成为一些著名科学家的知心朋友。她与华罗庚的交往，堪称佳话。20 世纪 60 年代初期，华罗庚是举世闻名的数学家，而顾迈男是一个刚涉足科技界的年轻记者，她对华罗庚的报道也仅限于科技界的一些公开活动。然而随着对华罗庚的日益了解，这位数学家传奇般的人生经历和鲜为人知的故事深深吸引了她。顾迈男成了华罗庚家中的常客，与他的姐姐、妻子和儿女、学生、助手都结下了深厚的友谊。华罗庚从出生、辍学、爱上数学，一直到出国留学、发表论文等种种经历都被顾迈男一一掌握。连华罗庚本人都经常为此感到惊叹，曾不止一次对顾迈男说："你采访，积累材料做得很扎实，有些事情我自己都忘了。"

于是华罗庚将撰写个人传记的任务委托给了顾迈男，她在随后八个月里用业余时间和手中大量的采访素材，写下了长篇传记文学《华罗庚传》，该书不仅在我国出版了中、英文版，还在日本刊物上连载。顾迈男还参与了电视剧《华罗庚》剧本的编写，是名副其实的研究华罗庚的专家。

1985年6月12日，蜚声国际数学界的一颗巨星陨落了。华罗庚教授实践了他生前的意愿：工作到生命的最后一刻。闻讯后，顾迈男连夜撰写了长篇通讯《死生甘愿同依——悼华罗庚教授》，文中充满了作者对这位数学伟人、朋友的深切怀念。

在漫长的采访生涯中，顾迈男与科学家交往的故事还有很多。在当年中国科学院的院子里，如果有人提起顾迈男，不少人会亲切地说一句：“她是我们科学院的人！”这是科学家们对一个科学记者的最高褒奖。

（撰稿：新华社研究院雒悦）

冯东书

『踏破铁鞋』的农村记者

冯东书，1950 年 2 月进入新华社，任总编室干事。1956 年 6 月至 1995 年 7 月先后任新华社山西分社和总社农村记者。1986 年成为高级记者，后被聘为中国新闻学院教授。作为长期扎根一线的农村记者，冯东书采写过大量反映“三农”问题的新闻作品，如《中国农民与中国未来》《让农业成为农民的事业》《要使农业真正成为农民的事业》等。这些作品展现了作者对中国农业发展与农村问题的深入了解与思考，其中一些成为中央制定农村政策的参考依据。

“他是个善于学习的人”

冯东书没上过大学，取得成就全靠自学。曾长期与冯东书在山西分社共事的原中国新闻学院院长金嘉声说：“冯东书的学历不高，文化底子不厚，但他很勤奋刻苦，是个善于学习的人，事业心很强。他开始只是新华社的发稿干事，后来凭着自己的努力当上记者。”

熟悉冯东书的人都知道，他不光善于学习书本知识，还很会从社会实践中学习。冯东书在一篇题为《创造者永远是自学者》的文章中写道："任何自学成才者，都要善于向社会实践学习，不能光读书。社会实践需要我们成才，社会实践又是我们成才的摇篮。社会实践中的矛盾、问题，是我们要通过学习去解决的课题。社会实践又是一本十分丰富的'无字天书'，不懂这本'无字天书'最大的毛病是会成为教条主义者。"

冯东书善于学习还表现在他善于独立思考。他既不迷信书本教条、专家的现成说法，也不盲从社会潮流、风向，而是坚持自己去观察、去思考，对习以为常的观点认识进行大胆质疑，进而提出自己的见解。他的很多文章著作都表现出这种独立思考精神，如《一个宣传了几十年的错误口号》《把"福"倒掉还有福吗？说说思维方式的重要性》等等。

冯东书基于实践经验，对新闻业务和新闻理论也有很深研究，不仅有专著《新闻采访学》，还在《记者观察》《新闻记者》等刊物上发表了很多论文，如《要研究读者的心理变迁》《新闻永远是一面镜子》《调研五忌》等。

“踏破铁鞋”下农村

我国农村地域面积广，与城市相比，交通、通信不畅，下乡采访耗时长，也没有像城市采访一样细分不同的“口”。为了采访的需要，农村记者什么都得懂，什么样的路都得走，什么样的苦都得吃。在从事新闻工作 40 余年间，冯东书的足迹踏遍祖国的山山水水：东到黑龙江抚远市，南到海南三亚市，西到新疆帕米尔高原脚下的乌恰县，北到黑龙江漠河县（现为漠河市），并对全国多数贫困地区进行过调查。

金嘉声曾说，冯东书对农村、农民有深厚的情感。他经常是翻山越岭、走村进乡，住农民土炕，吃农家饭，一个村一个村地徒步调研。冯东书在一篇文章中写道：“作为老农村记者，我到过全国大多数贫困地区的农村，只有去了，住下来，才知道那些地方有多苦。那些地方缺可耕地，缺水（洗脸水都缺，更不用说洗澡，喝的水也不干净），缺燃料、缺钱、缺衣、缺被褥，甚至有的农户家缺吃饭的碗。当然缺医、缺药、缺新知识、缺新思维、缺新技能。当地经济不发达，就业机会很少，地方财政很可怜。”

冯东书做调研，有一股非要把问题搞清楚的劲头，不搞清楚誓不罢休。他有个观点：新华社记者要当富记者，不要当穷记者。就是脑袋里要有货，要充实，掌握的情况多，问题多，报道思想多，积累的报道线索多。不是领导出报道题目，而要自己给自己出题目。如果对农村知之甚少，没有感情，就难以提出问题，列不出报道题目。

冯东书曾与同事一起深入黄土高原农村进行调研，后来他们出版的专著《告别饥饿 1978》产生较大影响，被誉为“新西行漫记”。作家贾平凹读后称：“书是一晚上读完的，读罢心潮起伏，后半夜完全失眠……为作者的胆识、良知和职业责任心所凝聚的灵魂所感动。”这本书不仅记录了大量珍贵的第一手史料，也对农业合作社、人民公社及中国农村集体经济进行了深入的思考。

冯东书在该书的后记里写道：“1980 年初，我向新华社总社国内部的领导讨了一个差事：要从山西太原出发，向西，经陕北，经宁夏西海固地区，经甘肃定西地区，作一次贫困地区的农村调查，了解那里农村的情况、农民的心态。领导答应了。这次我跑了四五个月，最后在甘肃通渭县的县委住下，整理一路所见所闻，写了近一个月时间的稿子。”从中，可以瞥见冯东书当年调研的视野和时空跨度。

冯东书很善于跟采访对象打交道。金嘉声回忆道：“他这人没什么架子，很随和，采访很有一套，见多识广，三教九流都能谈得来。到农村调研，他不像别的记者那样拿个本子一问一答，而是由远到近地让农民说出心里话，很巧妙地了解到他们的愿望、诉求和呼声。”

冯东书到农村调研的故事流传很广，至今还能从新华人的口中听到一些趣闻逸事。如他出差调研到某分社，分社门卫看他头发凌乱、衣衫褴褛，不像新华社记者，倒像是个叫花子。由此可见他工作调研的作风。

多年以后，时任新华社社长蔡名照 2015 年 6 月在一次讲话中说：“过去，我们有位老记者冯东书，最大的本事就是采访，他给编辑提供的采访素材事实充分，十分扎实，编辑在他的材料基础上调整、修改，拿出来的都是好稿子。冯东书就是这么出名的，靠的是扎实采访的基本功。”

将坚持真理贯穿始终

冯东书曾经说，新闻永远是一面镜子。这面镜子照出记者的品德、水平、作风。而实事求是、坚持真理，正是新闻这面镜子所折射出来的新华社记者的品德、水平和作风。冯东书在《讲真理是我们的职业道德》一文中对此进行过阐述，而这也是他记者生涯的生动写照。

冯东书在山西分社工作期间，长期蹲点山西大寨村，是最早报道山西大寨典型事迹和陈永贵的记者之一，报道掀起全国性的“农业学大寨”运动，对中国农业发展产生较大影响。冯东书后来还推出了专著《“文盲宰相”——陈永贵》。

在所有去大寨的记者中，冯东书三次被驱逐，是被驱逐次数最多的人。而其中两次，都跟他坚持真理有关。一次是因为土地丈量事件。1971 年，大寨公社第一次种了几百亩水稻，大寨和中国农科院等单位的农学家在虎头山试种了一亩水稻，这一亩地的产量是 1270 斤。农科院比较细致，对那亩地测量后认为比一亩要多一点。冯东书在报道时有点为难，最后只好模糊处理：“虎头山上的一亩水稻，亩产达到了1000斤以上”。陈永贵得知后很气愤，扔下句话，“那块地还不够一亩哩，1270斤，愿写就写。”大寨后来丈量的结果也是一亩多，陈永贵才不得不同意记者的发稿口径。但随后，大寨就对冯东书拒之门外了。

还有一次是因为“不能永远学大寨”这句话。1974年是“农业学大寨”运动十周年，有记者在研究十周年报道时提出“永远学大寨”的口号。冯东书当即说：“不要这样提，天下哪有永远的事？”这件事被告到大寨党支部和山西省委领导那里，成为冯东书的罪状。清查小组要求冯东书做检讨，冯东书说：“我这事，不能检讨，因为我的话是符合辩证唯物主义的，正确的。我今天乱检讨了，将来还要做检讨的检讨。”最后，此事不了了之。

冯东书将坚持真理贯彻始终，不随波逐流跟着风向转，这使得他的新闻作品和思想见解经得起历史检验。1979年以后，一些舆论在对陈永贵和大寨的评价上一改过去的赞扬，而是一片讥笑、挖苦。有些人用虚假的事实来否定大寨。在这种情况下，冯东书写了《“对任何人都要实事求是”——对大寨几件事的说明》一文，逐一驳斥这些不符合事实的说法。

在《“文盲宰相”陈永贵》一书的序言《别小瞧这个老农民》中，冯东书写道：“我不是给陈永贵立传，也不是表彰和批评陈永贵，我讲陈永贵的事，是向后代说明我们国家历史上曾经有过那么一个后人难以理解的时代。”

（撰稿：新华社研究院李江涛）

郭超人

『记者最重要的基本功是调查研究』

郭超人是我国新闻工作者的优秀代表。他 1956 年从北京大学中文系新闻专业毕业后到新华社工作，主动要求到条件艰苦的西藏分社做记者，历任新华社西藏分社、陕西分社、四川分社记者、副社长，新华社秘书长、副社长等职，1992 年至 2000 年任新华社社长、党组书记。

在 44 年的新闻生涯中，郭超人采写了大批脍炙人口的名篇佳作。其中，报道中国登山健儿征服世界最高峰的《红旗插上珠穆朗玛峰》被选入中学课本；长篇通讯《驯水记》，颂扬了亿万人民进行水利建设的光辉业绩；《历史的审判》记录了林彪、江青反革命集团被押上审判台的庄严一幕……这些新闻名篇都是他深入实际、潜心调查研究写就的，在国内外产生了重大影响。

跋山涉水写传奇

参加工作伊始，郭超人就坚决要求到最艰苦的环境去锻炼，如愿到新华社西藏分社担任记者。他在西藏锤炼了 14 年。他多次讲过："历史极其宽厚地给了我机遇。"郭超人见证了西藏平叛、民主改革、自治区成立，跟随中国登山队攀登珠穆朗玛峰和希夏邦马峰，随军采访中印边境自卫反击战……成为共和国诸多重大历史事件的亲历者、见证者、记录者。

在西藏14年间，他与藏族人民情同手足，用他年轻的笔触揭露农奴制度的黑暗和罪恶，讴歌繁荣幸福新西藏的诞生。他关于西藏民主改革的报道如《血泪的控诉》《拉萨的春雷》等，具有强烈的感染力。

1960年和1964年，他冒着生命危险，克服了常人难以想象的困难，跟随中国登山队攀登珠穆朗玛峰和希夏邦马峰，曾登抵海拔6600米高度，写出了《红旗插上珠穆朗玛峰》《希夏邦马峰征服记》等长篇通讯。在1960年的登山报道中，由于严重缺氧，他长期睡不着觉，吃不下饭，甚至全身肿胀。在赶写《英雄登上地球之巅》时，他的眼睛已肿得看不清字了，常常需要用一只手把眼皮扒开，另一只手去写。高山上气候严寒，在零下30多摄氏度时写字，墨水一到笔尖就冻住了，钢笔根本不能使用；铅笔一写笔芯就断。因为经常性的头胀头痛，思路难以集中，他有时连最常用的字也想不起来。

克服重重困难，郭超人详细描写了高山岩壁艰险、登山攀岩壮举、冰川雪坡风云，为登山队员的无畏无私而歌。系列登山报道彰显了新生共和国的蓬勃朝气和中国人民自力更生、艰苦奋斗、无高不能攀的精神，无论是思想性还是艺术性都达到了相当高的水平。他因此被国家体委记功，成为一位广为人知的著名记者。

在 1962 年中印边界反击战中，郭超人不顾个人安危，坚持到炮火纷飞的战场一线采访，以新闻特写和现场目击报道了事件的真相，向国际社会传递了正义之声。这些报道又使他成为一名中外闻名的战地记者。

深入实际做好调查研究

郭超人曾说过：“记者最重要的基本功是调查研究，这是记者的看家本领和走向成功的垫脚石。”

他每到一个地方，首先就是深入基层开展调查研究。郭超人在和家人谈起扎根西部的经历时说：“我每年大约有半年至 8 个月的时间是到基层，主要是在乡村进行采访、调研，剩下的时间在途中奔波和写稿”。

在西藏的 1957 年到 1958 年间，郭超人骑马到日喀则农村和藏北牧区，做长时间系统、深入的社会调查，一出去就是 8 个月。他进入许多农区的庄园和牧区的部落，采访不同阶层的人物，积累了大量素材，为以后的重点报道奠定了坚实基础。他系统调查了西藏的政治、宗教、文化、历史等方面的状况，对西藏农奴制度作了深入研究和分析。当 1959 年西藏平叛开始以后，党中央要求对西藏农奴制度进行揭露时，他有写不完的主题和材料，水到渠成地写出了多篇有分量的新闻通讯，受到好评。

1970 年到 1978 年 8 月，在陕西分社工作期间，他对关中农业生产、安康山区生产做过全面调研。1978 年 9 月至 1982 年在四川分社，他对双流农村、成都手工业和四川东部山区作过认真细致的调查，写出了大量长篇调查报告。他努力运用马克思主义的立场、观点、方法来调查研究社会生活中的实际问题，以求得认识的第二次飞跃，在当时产生了很好的社会反响。

郭超人曾这样总结自己几十年工作中的一种规律性现象：凡是定下心来，一头扎到实际生活中去，注意作比较深入的调查研究，报道不仅在数量上有保证，质量上还都能达到一定的水平。

郭超人长期坚持深入群众、深入实际。他的新闻名篇，无一不是深入调查研究的佳作。为了写作反映新中国水利建设成就的通讯《驯水记》，郭超人跨越黄河、海河、淮河、长江、珠江，连续采访40多天，行程数万里，采访了水电部和10多个省份的几十个大、中型水利建设工地，收集、记录的素材达三四十万字。《驯水记》歌颂中国人民与大自然斗争的伟大业绩，发表后产生了广泛的社会影响。

郭超人的勤奋是出了名的，家里保存的160多个采访笔记本就是明证。他在1983年的一篇文章中写道："20多年来，我的挎包里经常装着三种笔记本，一种作采访笔记，一种是生活杂记，还有一种是思考摘记。生活杂记内容丰富，包括山川风物，传闻轶事，突出的印象，有趣的人物，生动的场景，等等。总之，记录下自己观察、接触到的一切。"郭超人在采写关中、延安、安康三组调研报道时，每次调查的原始记录均达到30万字以上。

1973年5月，郭超人与陕西分社记者到关中的渭南、咸阳、西安、宝鸡等地进行调查研究，访问了一些地县负责同志和有实践经验的农村干部群众，考察了一些具有不同特点的先进典型，经过认真讨论，写出了15000多字的关中调查汇报材料。后又经过进一步深入采访，郭超人与分社同事于1974年初合作完成一组六篇近3万字的《关中调查》。这组调研稿一反“文革”时期空话套话连篇的文风，本着“综合宜少，典型宜多”的精神，以翔实事例和数字比较，分析了关中地区农业生产的历史、现状、存在问题和发展潜力，提出了建设性的建议，引起陕西省和各地县有关同志的重视。

曾任延安市委宣传部部长的师银笙回忆说：“郭超人当年在基层采访，从来不是浮光掠影，而是扎扎实实深入民众之间，与许多人结成肝胆相照的朋友。我在《延安报》工作时，曾和他一起在志丹县采访了一周时间，除了深入乡村，还到不少治山治水的工地采访。我写了3篇长通讯请他指教，他语重心长地指着堆在桌上的一大摞资料对我说：‘你应掌握更多东西，别急着完稿……’我看了他的采访笔记，不仅有采访对象的记录，还抄录了《志丹县志》，历年的粮食产量、农田（建设）进度甚至20多年的气候情况，怪不得他每晚都睡得很迟，一周时间光笔记就记了十几万字。不久后，《人民日报》刊登了他写的长篇通讯《驯水记》，有关志丹的文字虽然只有 300 多字，但他的行动使我真切感受到做一名优秀记者就得练就‘拾到篮里都是菜’的过硬功夫。”

践行“四力”铸名篇

郭超人说过：“记者是在新闻实践中磨砺出来的。新闻无处不在，但需要你迈开双腿，到产生新闻的第一现场去发现、去感受、去采访；需要你带着眼睛去观察，带着耳朵去倾听，带着嘴巴去询问，带着思考去求证，带着真诚去记录，带着责任去传播。”这是他结合自身经历对记者脚力、眼力、脑力、笔力进行的思考和总结。

好记者要有好脚力。在郭超人看来，好记者不是靠手写出来的，而是靠脚走出来的。在 1960 年的登山报道中，郭超人先后两次参加高山适应性攀登。在第一次攀登到达海拔 6400 米的第三号高山营地后，他又跟随一支侦察分队继续前进，直抵海拔 6600 米的高度——被称为“珠穆朗玛峰的大门”的北坳冰墙之下。他冒着生命危险，获得了宝贵的第一手资料。1979 年，为了采写《成都市手工业调查》，郭超人骑着自行车，穿行大街小巷，把成都的手工业作坊几乎跑遍了。那时的他，已经身患糖尿病，一天只能吃4两饭。但为获得更多有价值的素材，他不顾身体，不惜体力，连续采访了两个月。

好记者要有好眼力。郭超人说：“我们倡导记者要去新闻事件的第一线，用眼睛去看，用耳朵去听，观察现场，捕捉感人的、形象的东西。”进行攀登珠峰报道时，郭超人把自己作为登山队的一员，坚持与队员们一起登山，一起宿营，一起克服前进中的困难，同队员们打成一片，深入了解登山队员的思想感情和精神风貌。正是有了这些经历，郭超人亲眼看到了珠穆朗玛峰神奇壮丽的自然景色和瞬息万变的高山气象，亲身见证了登山队员们以大无畏的英雄气概同大自然搏斗的顽强意志，掌握了大量活生生的素材。

好记者要有好脑力。在几十年的新闻生涯中，郭超人一直善于思考。他不仅善于发现采访对象身上的闪光点，还善于通过思考认识到这些闪光点的本质和意义。揭露西藏封建农奴制黑暗残酷的平叛报道，反映登山队员英勇顽强、为国争光的登山报道，讴歌水利战线25年伟大成就的报道以及见证“四人帮”被押上历史审判台的报道等，这些精品名篇都是他深入思考的结果。他在成都手工业调研期间，每采访一个厂，回去的路上就思考：今天的采访得到新东西没有？如果没有，就进一步思考：为什么没有得到？如果是漏了，第二天再去，直到挖掘出这个厂的特点。他说：“记者观察问题的立足点要高，要站到全党全国大局的高度。记者思考问题要有一定的深度，要能比较深刻地揭示社会生活中的本质和规律，也就是要善于把握时代精神。”

好记者要有好笔力。郭超人的新闻名篇给人们突出的感受是语言精练，文笔优美，形象生动，细节逼真，能很快把读者带到现场、让读者受到感染。1982 年郭超人为年轻记者讲课时提出，好的新闻报道，是用有限的词汇写出简洁明快的语言。他认为，新闻报道语言文字的起码标准是：准确、明快、通顺，高标准是：生动、形象、感人。要搞好报道，就要提高驾驭语言文字的能力，有成就的记者都是如此。郭超人为增强笔力苦下功夫，刚当记者时，围绕一件事情，他从不同角度写了 8 篇稿子，采编主任挑中了其中的一篇，他又思考这一篇为什么会被选中；

学习写作导语，他一连写了几个不同的版本，并从中选择自己最满意的一个版本。

郭超人的为人和为文，对于今天新闻工作者增强“四力”有着重要的借鉴意义。

（撰稿：新华社研究院李江涛）

陈大斌

从蹲点记者到『三农』专家

陈大斌是著名新闻记者，曾任《瞭望》新闻周刊总编辑。他进入新华社后深耕农村报道，在山西昔阳县和河南辉县农村蹲点调研长达三年；党的十一届三中全会前后负责新华社农村报道的组织工作，参与农村改革的报道。他长期关注研究农村工作，是我国卓有成就的“三农”问题专家，著有评述农村改革的系列著作。陈大斌坚持实事求是、深入调研、正直敢言，用手中的笔描绘了我国农村改革从萌发、在曲折斗争中发展，到建立起家庭联产承包责任制的壮阔历程。

深入实际调查研究

陈大斌 1957 年考入山东大学中文系，毕业后被分配至国家机关工作。1971 年调入新华社国内部农村组。在初期的采访工作中，陈大斌曾得到穆青多次直接指导，深刻感受到“好稿子是跑出来的”“好稿子是改出来的”。穆青的言传身教，对陈大斌产生了重要影响，深入实际调查研究也成为他 30 多年新闻实践中的重要准则。

蹲点调研是新华社培养记者的重要方法之一。1972 年，随着朱穆之等老领导恢复工作，针对“文革”对记者作风的侵蚀和破坏等问题，要求转变作风，深入实际调查研究，新华社多次组织总社和分社编辑、记者到实际中去蹲点调研。1974 年，陈大斌被派到山西昔阳县和大寨村蹲点一年；1974 年年末至 1976 年 8 月，到河南辉县蹲点近两年时间。通过与农民同吃、同住、同劳动，以农民和基层干部为师，陈大斌深入了解当代中国“三农”问题。同时，从对辉县、昔阳两县“农业学大寨”运动的对比中，他开始认真思考中国农业的真正出路，较早地认识到“农业学大寨”运动中的问题。

在辉县期间，陈大斌先后两次采写有关辉县拍石头公社党委书记孙钊的通讯。1975 年，陈大斌在辉县了解到孙钊带领群众使昔日全县最穷苦的地方成了先进公社的事迹，采写了通讯《山河巨变中那一处不变的地方》。稿件发到总社后，得到穆青的表扬，表示“这篇稿子写得很好。记者亲到现场，听到了、也看到了实际情况，采访得很深入。而且通讯构思巧妙，写得也精致”。不料几天后，孙钊突然去世，陈大斌被孙钊生前最后时刻的表现所震撼，决定先不发稿重写孙钊。他带着对孙钊无限崇敬的感情，用一个月时间采访了拍石头公社的干部和职工，访问了若干村庄，精心写作修改稿件。粉碎“四人帮”后，这篇通讯得以发表。1991 年，穆青决心重写孙钊并再次去辉县作补充采访，次年 6 月发表《难忘那双手》，引起很大反响。

1977年5月，陈大斌任新华社国内部党的核心小组（当时党的各级领导机构的组织名称）成员，主持国内部农村组的工作。当时中国农村的初步改革与“左”的错误之间矛盾复杂，陈大斌冒着极大的政治风险，坚持从农村实际出发、落实党在农村的经济政策。1977年10月30日到11月18日的普及大寨县工作座谈会期间，陈大斌作为记者出席会议，他及时向穆青汇报心中忧虑。在穆青的建议下，陈大斌把参加座谈会的大多数省市自治区领导的反对意见汇集起来，以内部报道的形式向中央作了反映，得到了党中央重视。

党的十一届三中全会后，农村“包产到户”的呼声越来越高。当时“左”的思想仍存，安徽、四川等地探索“包产到户”面临质疑，陈大斌等人深入安徽采访一个多月，于1979年12月15日播发《在生产关系调整中前进——滁县地区农村见闻》，通过对安徽省滁县地区凤阳县、嘉山县、天长县等地的调查访问，以所见所闻的大量事实表明：实行了多种形式的责任制，特别是联系产量的责任制，极大地调动了农民的劳动热情，使农业生产迈开了一大步。文章提出了旧有公社体制的弊端，指出应根据生产力发展水平对农村生产关系中一些不适应的环节作适当调整，以促进生产力的发展。报道较早从理论上支持了群众的探索，播发后受到万里的表扬。

农村报道拨乱反正

粉碎“四人帮”之后，全国各行各业都面临着拨乱反正的形势和任务。面对农村形势的发展，陈大斌提出农村报道不能继续宣传“农业学大寨”，应当从实际出发，得到社领导的支持。

1977 年 12 月中旬，国内部在北京组织召开了一次由 20 多个国内分社农村记者代表参加的座谈会，会议强调要解放思想，深入了解实际，敢于面对现实，反映农村真实情况，实行农村报道上的战略性大调整。在其后几年里，陈大斌连续每年组织召开农村记者座谈会，集中讨论农村报道的重点和问题，推动农村报道不断走向深入。

1977 年年底至 1978 年年初，陈大斌领导下的新华社国内部农村组将报道重点放在两个方面，一是落实党在农村的经济政策，二是联系农村实际揭批“四人帮”。陈大斌带领农村组抓住安徽、四川两个探索改革的典型，集中力量做了若干篇“大文章”，推动全国各地落实党的政策的热潮。1978 年春，新华社播发通讯《安徽大步赶上来了》、专稿《一份省委文件的诞生》《生产队有了自主权农业必增产》《政策调动千军万马——安徽省滁县和六安地区农村见闻》等报道，介绍、推荐安徽的省委“六条”，并选择贯彻落实“六条”比较好的一些地区进行深入调研，先后采写了一系列有影响的报道。1978 年 4 月，总社派出陈大斌、杨克现、周贻昶等到四川进行采访，播发了《四川省全面清理和认真落实党在农村的经济政策》《经验介绍：四川省的农业生产为什么能够很快恢复？》等稿件，有力地宣传了党在农村的经济政策的强大威力。

在曲折发展的农村改革中，新华社通过组织报道，成功与借“农业学大寨”运动鼓动蛮干的做法唱了一出“对台戏”。1978 年春夏间，全国农田基本建设会议上又出现极力鼓吹农村“大干”的声音。在这次会议召开前两个月，陈大斌根据提前掌握的情况，在社领导支持下，组织记者深入实地调研基层真实情况，确定了“充分反映我国各地农田基本建设的新成绩、新经验，同时又要宣传实事求是和群众路线，讲究科学的精神”报道思路。会议期间，新华社与人民日报社联手，在客观冷静发布新闻的同时，用述评的统一形式陆续播发《向参观的人交底》《不能把“大干”与政策对立起来》《增了产才算数》等稿件，表达要实事求是讲实效不搞形式主义、大干中落实政策注意协作互利、量力而行让农民休养生息等观点。系列述评主题鲜明、针对性强，受到多方好评。

历史的发展充分证明了新华社调整农村报道方向的正确。陈大斌在回忆中曾写道：“关键时刻起关键作用的是对农村实际情况的了解和把握。几年农村报道的实践告诉我们：深入实际，与人民群众共命运，是坚持正确方向的一个基本保证。到什么时候都不可忽视。”

积极推动农村改革

陈大斌和全体农村组记者、编辑一起，参与了党的十一届三中全会前后农村改革这一伟大历史事件的报道，为推动农村改革、维护农民切身利益鼓与呼。

20 世纪 70 年代末，各种形式的联产承包责任制已在安徽等地有一定发展，但争论很大，尤其是对“包产到户”等形式。陈大斌认为，新华社的农村记者应从实际出发，旗帜鲜明支持农民的创造。在 1979 年到 1980 年“包产到户”尚不能公开宣传的那段特殊时期里，陈大斌和农村记者们决定先用内部报道反映情况，然后随着形势发展，设法变通，稳步向前推进，确保新华社报道能够跟上农村形势发展。

陈大斌带领国内部农村组组织了两次规模较大的“包产到户”调查，充分使用内部报道渠道，反映群众呼声。一次是组织陕、甘、宁、晋等分社记者对黄土高原的贫困地区进行深入调研，写了大量内部报道，反映了当地农村贫困的现状，表达了农民要求“包产到户”的愿望。一次是组织以安徽、四川、广东、内蒙古、甘肃、贵州、河南等省、自治区为重点，进行全国“包产到户”情况的专题调研。陈大斌综合调研素材，写出了一篇上万字的关于“包产到户”的内部材料上报中央，满腔热情宣传“包产到户”产生的必然性，建议正确对待群众的要求，有力地推动了“包产到户”在农村的推广。

回忆这段往事，陈大斌十分自豪地说：在这样一个大转折大变革时代，新华社的农村报道，始终坚持从农村实际出发，与改革形势发展同步前进，基本做到了实事求是，为推动农村改革的发展起到了积极作用。

陈大斌深入调研，坚持观察思考，始终保持对“三农”问题的关注。他有机会参加中央召开的关于农村改革的重要会议，经历了改革中很多重大事件，研读了大量的有关资料和文献。陈大斌结合自己独特的实践和调研，在20世纪八九十年代写出全面评述农村改革的系列著作《中国农业的崛起》和《黄土地的青春》等，受到广泛好评。退休以后，他用十多年的时间，撰写了著作《从合作化到公社化——中国农村的集体化时代》《大寨寓言——“农业学大寨”的历史警示》《中国农村改革纪事1978—2018》和《重建合作》，被称为“中国农村体制变革四部曲”，总计约120万字，系统记述了新中国60年农村体制变革，内容丰富翔实，为后人留下珍贵的史料。

（撰稿：新华社研究院王会）

吴复民

握笔一甲子
调研一辈子

吴复民是新华社名记者，两届全国优秀新闻工作者、新华社首届十佳记者。她的记者生涯，是从与纺织女工一起纺纱织布“三班倒”、与造船工人一起在船台上烧电焊、与钢铁工人一起在炼钢炉前挥铁锹开始的。她将一辈子都献给了共和国的新闻事业，在共和国建设的每个阶段都笔耕不辍，以深扎一线的脚力，深邃入微的眼力，善思善为的脑力，鞭辟入里的笔力，写出一大批道实情、接地气的深度调研稿件，推动行业乃至全局工作。吴复民因此被实际工作部门和基层企业视为“知音”和“参谋”。

新闻战线小老虎

1964年，吴复民从复旦大学新闻系毕业入职新华社上海分社，吴复民属虎，参加工作第一年，她就成了业界小有名气的“新闻战线小老虎”。

入社后，吴复民的第一步就是“跑纺织”。上海纺织长期是国家财政和出口创汇的支柱。一开始，她就勾勒出涵盖棉、毛、麻、丝、印染、针织等十多个行业、四百多家企业的“纺织采访路线图”。她长时间在杭州湾畔金山区的上海石油化工总厂蹲点。那时，正是20世纪70年代围海造地的艰苦岁月，是在寸草难长的盐碱地上起步建设的初创阶段。作为跑口记者的吴复民，加入了“金山拓荒牛”队伍。虽然只能同女工们一起在潮湿昏暗的“猪公馆”里睡上下铺，或在办公室水泥地上打地铺，她却津津有味地在工地上东奔西跑，到刚刚就位的引进装置爬上爬下，把通过石油裂变制成涤纶、腈纶、塑料、化工产品的复杂工艺和这个行业在国内国际的发展态势摸得“烂熟于心”，与工程总指挥、技术干部和现场操作工都成了“铁哥们儿”。

吴复民这只“小老虎”正是靠着蹲点调研这一法宝，练就了与国有企业息息相通的敏感和锐利。她常说，当记者要深入新闻现场采访、调查、观察，“身入心至”练好调查研究基本功。

1979 年六七月间，国家决定在全国进行扩大企业经营管理自主权的试点，国家经委和上海市确定的上海试点企业有 106 家。先期开展试点的三家企业中的上棉十七厂厂长是吴复民的好友，这位厂长用调侃的口吻向她诉苦：“不是扩大企业自主权吗？最好先给我一个‘权’，让我有权不参加试点。”

吴复民立即深入三家试点企业调研，果然发现扩权试点方案设计上存在诸多问题。她立即采写了关于上海扩大企业经营管理自主权的试点工作面临一些待解决的矛盾和困难的报道，引起中央领导同志高度重视。

吴复民笔下的先进企业和典型人物，有血有肉，有灵有感，没有对企业的感情，没有对工人的感情是写不出来的。

1994 年，上海打响国企扭亏攻坚战。吴复民带领一位青年记者，仅用 1000 多字就写活了 8 位“扭亏志愿者”的精神风貌和他们各不相同的扭亏攻略。此稿于当年 5 月 17 日在《新华每日电讯》头版加编者按刊出，引起组织部门的关注，要求提供这些干部的材料。各方闻讯，纷纷向分社索要当天报纸，创刊不久的《新华每日电讯》在上海声名鹊起。

深接“地气”更接“天气”

吴复民采写的新闻报道，之所以能对全局工作产生重要影响，与她深入实际、深入一线，扎扎实实开展调查研究是密切相关的。正是靠着深入、深入、再深入的调查研究，用心、用心、再用心的学习和思考，吴复民才能不断写出有声有色的报道。

2009 年 10 月，在上海市妇联、《解放日报》等联合举办的“新中国 60 年上海百位突出贡献女性”评选活动中，吴复民以高票当选。评委会列举她的“突出贡献”之一，就是 1982 年 8 月关于化纤纺织品降价的调研。

当时上海上市不久的化纤纺织品开始积压，生产涤棉布的企业有的限产、有的停产，而全世界化纤纺织品发展方兴未艾，上海缘何出现这种怪象？吴复民不仅到一个个企业实地探访，还到商贸部门和开发化纤新产品的科研机构听取意见，到纺织情报所查阅国际行情资料，逐步抽丝剥茧、厘清思路：次因是花色品种少，销售渠道不畅；主因是我国纺织品的定价机制不合理。她在撰写的调研报道中引用各方数据，说明当时我国纯棉制品和化纤织品的比价为 1∶2.4，甚至达到 1∶3.8，老百姓买一套“的确良”制服要花半个月工资，而国际上涤纶短纤维价格已低于天然棉价格。价格不合理造成一些地区片面追求产量，忽视质量和品种开发，结果消费者不买账，造成产品积压、倒逼纺织厂停产。她建议政府运用价值规律调整化纤纺织品和棉纺织品的比价。这篇调研报道直接促成了我国化纤纺织品的降价。

当年的全国纺织工作会议上，主管领导说：“老百姓穿上便宜的‘的确良’，应该给新华社记者吴复民记一功。”

“挖井”匠心跑国企

吴复民认为，搞好国有企业是一项“综合技术”，是一门趣味无穷的深奥学问，是一个很大的“系统工程”。因此，必须把采写国企报道当作学问来做，尽最大努力写出搞好国企的那些艺术、技术和学问。

吴复民牵头采写的《扭亏专家万德明》，刻画的就是国企经营者的经营谋略和管理技巧。文章用一个个生动的实例，通俗地展示了上海第二毛纺织厂厂长万德明“天晴也要防阴雨”的深谋远虑：对出口呢绒和出口服装效益的“套裁”术；对贷款利率与还贷能力、美元和各种相关币种汇率曲线的“神算”；把握羊毛原料直接进口与国内市场差价、上海与外埠劳动力差价的“落差经营”绝活；巧妙利用无形资产，通过资产运作、参股控股和输出管理技术，既帮助兄弟省市一批企业扭亏增盈，又以最低成本壮大自身实力，扩大产品市场占有率的“一箭三雕”。

此文在《新华每日电讯》等报刊发表后，许多经营者提出，这一个个实例，完全可以作为教材，对经营者授课、培训；新闻同行则反映，这样写出的国企报道，读来“贴肉”且兴味。

正因为头脑里经常思考着实际工作中遇到的各种问

题，体察企业经营者们所思所虑和心路历程，她的报道往往能写出别人没有的深度和质感。

1979 年 4 月发表的调研报道“上海石化总厂该不该由纺织部独家经营”一组三篇，在全国比较早地提出了由于部门分割，造成石油资源浪费的弊端，引起中央领导重视，为中国石化总公司的组建做了舆论准备。1982 年 5 月发表的调研报道，反映上海石化与纺织业打破行业壁垒，跨界组织“一条龙”开发化纤新产品的经验，被认为“不仅对化纤企业，而且对整个工业新产品的开发，都具有普遍意义”。总社加编者按公开播发了这篇稿件，《人民日报》等全国报纸广泛采用，直接推动化纤纺织品行业当年就出现姹紫嫣红、争奇斗艳的局面。

1993 年上海石化进行股份制改革取得成功，成为股票在香港、纽约同时上市的国际上市公司。吴复民等采写的通讯《重铸金山———上海石化规范化股份制改制纪实》，在读者，尤其是众多经济体制改革工作者中有口皆碑。此稿不是简单的报道改制的成功，而是写出了上海石化在机制转换过程中剥离“企业办社会”那一块非直接生产经营性资产的痛苦，革除职工“吃企业大锅饭”福利的利益冲撞，以及企业的财务家底、经营状况都必须向境内外股民公开透明的不适应等艰难历程，股改无异于企业进行了一次“脱胎换骨”的改造。国务院领导读了这份调查报告，十分感慨，在一次大会上说：“金山搞股份制改制，吃了不少苦头，把企业翻了个个儿，这才叫转换机制。搞股份制，发行股票容易，转换机制不容易。”总社领导表扬说，这个报道对于只想从股票上市中“圈钱”谋得好处，而不想规规矩矩进行改制的企业，是一帖“清醒剂”。

笔耕不辍一甲子

吴复民1964年进入新华社，直到生命落幕，笔耕不辍一甲子。她常说，自己的记者生涯只专注做好一件事，就是始终坚守在经济领域报道第一线，发扬新华社的光荣传统和优良作风，胸怀全局，扎根基层；民有所呼，我有所应；与人民群众同呼吸、共命运、心连心；同时勤勉学习，学经济、学技术、学理论，努力掌握相关产业世界前沿的动向。国务院一位领导曾书面评价：“吴复民同志在地方上做一名经济记者，却对国企改革和经济发展作出了一些全局性的贡献。”

2003年从上海分社退休后，吴复民并未停下手中的笔，《从“摇钱树”到“苦菜花”到“凤凰涅槃”——我所见证的上海纺织业的蝶变史》《上海国企改革亲历纪实》

等沉甸甸的文字，对于今天的新闻工作者和行业从业人员依然有着重要的启示。

笔耕不辍，脚步不歇。2003 年 9 月，上海市政协成立上海科技成果转化促进会。凭借对行业市场敏锐的洞察力以及调查研究的深厚功底，吴复民成为科促会的骨干专家，常年在一线调研，推动了大量科研成果落地转化。

吴复民说，我只是忠实传承了新华社深入实际、调查研究的传统，忠实履行了党中央赋予新华社的“喉舌”“耳目”职责而已。我奉献了青春，也收获了硕果。

退休后的吴复民毫无保留地向年轻记者“传经送宝”。分社每年一度的青年记者培训，吴复民是常客，也是最受青年记者喜欢的授课导师，她讲的就是“如何用好调查研究这个传家宝”。她认为，记者可以“上天入地”，虚实结合，纵横驰骋，既可以向各级领导干部和各方面的专家请教，也可以到基层同群众直接交谈，听取群众意见，吸收各种养料，在党和政府与基层一线之间架起一座桥梁。

吴复民以执着坚韧顽强的作风和深扎大地的调研，诠释了“新华社记者”沉甸甸的分量。

（撰稿：新华社上海分社姜微，吴霞参与整理）

南振中

潜心研究记者的『发现力』

南振中曾任新华社总编辑，是首届范长江新闻奖获得者。该奖评委会对他的评价是："在中国农村改革的巨变中，南振中经常深入到贫穷的鲁西北地区和沂蒙山区蹲点调查，同农村干部群众一起探索和总结摆脱贫困的经验，采写了大批讴歌农村改革，反映农村变化的新闻通讯。他的有关农村的报道，题材新颖，有深度。"南振中勤于笔耕，出版了《记者的发现力》《记者的战略眼光》《记者的眼睛》《记者的思考》《南振中作品选》《我怎样学习当记者》《与年轻记者谈成才》《一位新闻人议政实录》《老记者与大学生对话》《学习点亮人生》等著作，影响了许多新闻工作者和高校新闻院系的学生。

从无土栽培想到记者的"根"

2003年12月，南振中在河南省濮阳市农村参观了一个"无土栽培"大棚。这里蔬菜、花卉的根不是扎在土壤里，而是在营养液中。南振中由此联想到新闻记者的作风：记者的"根"应该扎在哪里？

1964年7月，南振中从郑州大学中文系毕业后到新华社山东分社工作，开始了长达数十年的记者生涯。他植根于生活的沃土，把"以小见大""以下望上"作为采写新闻作品的主要表现手法，用基层发生的具体变化揭示中国农村的发展趋势。

1979 年冬天，长期吃国家统销粮的山东省东明县基本上实现了粮食自给，南振中来到柳里大队采访。他仔细察看村民家中的粮囤，真实而具体地描述了在村子里的所见所闻，写成了一篇《看粮囤》，从一个很小的侧面勾勒出一幅中国农村的风情画。这篇仅有 1500 多字的通讯引起广泛关注，令他坚定了继续探索“以小见大”表现手法的信心。

1980 年秋天，南振中了解到，党的十一届三中全会以后这个地区的农村像一块巨大的磁铁，把散居在全国各地 7 万多外流的村民吸引回来了。为了具体再现这一历史性的变化，他来到耿堂大队了解村民“外流”和“返乡”的经历，写成了《政策牵动故乡情》。这篇通讯以小切口、小侧面展示中国农村的新面貌，被多家报纸转载，并获中国农村改革好新闻一等奖。

南振中认为在基层抓取的“小”是与大局紧密相联的“小”，而不是与本质毫无联系的“琐细”。只有牢固树立全局观念，才能做到“小处落墨”“大处着眼”。

山东省蒙阴县一个贫穷的小山村，实行“五定一奖”生产责任制，很快改变了面貌。有人在批判这个村的党支部书记时说："谁还不知道这个办法能多打粮食！管用是管用，方向不对就是不能用！"南振中以这件事为由头，写了一篇题为《"方向"辩》的农村杂谈，刊登在1980年4月28日的《人民日报》上。一位编辑评论说："在这思想混乱、人民迫切希望宣传部门就'方向'问题发表看法的时候，醒目的大标题《"方向"辩》赫然出现在报纸上，这确实是非常适时的。"

2004年4月14日，新华社召开会议部署调查研究工作，南振中分析了需要深入调研的10个课题。在讲话的结尾，他语重心长地说："如果我们偏离实际、远离生活、脱离群众，离开了生活的沃土，我们采写的新闻就会因为营养不良而枯黄，这是谁也不愿意看到的结果。有抱负、有作为的编辑、记者，应该养成深入调查研究的习惯，不断提高调查研究的本领，谨防自己的'根'离开生活的沃土。"

把"发现力"这篇大文章做好

一根绣花针掉在地上，没有被人发现，比较容易理解；而绵延三县的张家界武陵胜景，早在新石器时代就有人类活动，为什么直到20世纪60年代才被人"发现"？

1985年深秋，南振中来到湖南张家界采访，面对美景，他却联想到记者“发现力”的问题。

其实早在20世纪70年代末南振中就开始了对“发现”的思考。1978年秋天，他在沂蒙山腹地蒙阴县的乡村采访了十多天，收集到大量关于干部作风的感人事例，尤其是关于“水”的故事。抗日战争时期，在著名的南北岱崮保卫战中，村民为革命战士挑水上山。可是解放后20多年，岱崮村却一直缺水，蒙阴县委负责同志感到痛心。他们下决心帮助岱崮大队解决吃水问题。为了运送打井用的钻机，专门为这个村子修了一条9里长的简易公路。机井打成后又帮助安装了电动深井泵。为了岱崮大队这口井，国家投资达3万多元。南振中敏锐地发现粉碎“四人帮”之后沂蒙山区干部作风的变化，他以“水”作为全篇的贯穿线，写了一篇《鱼水新篇——沂蒙山纪事》，揭示了“得民心者治天下，失民心者乱天下”这一主题。

党的十一届三中全会以后，南振中两次来到沂蒙山区垛庄公社。他走村串户，发现在半年时间里沂蒙山区干部群众思想观念发生了明显变化。究竟是什么打开了思想解放的闸门？通过深入调研，他发现人们思想上的变化源于勇敢的实践。于是他写下《实践打开了思想解放的闸门——沂蒙山书简》，记录了沂蒙山区干部群众思想变化的历程。

20 世纪 80 年代初，商品经济大潮冲击着沂蒙山区，这里的人们意识到本地的“欠发达”。南振中通过调研、观察与思考，采写了《觉醒了的“第三世界”》《打开通往山外的门户》《听山里人讲“政治经济学”》等“沂蒙山采访札记”，记录了沂蒙山区人民的“新觉醒”。

1985 年 12 月，南振中在总结沂蒙山区和鲁西北调研实践的基础上，着手研究新闻史上的“忽视发现”与“发现滞后”现象。他逐一分析了影响记者“发现力”的 10 大要素，提出 7 个善于发现：善于发现或者找到世界上迄今还没有通过大众传播媒介广泛传播的、鲜为人知的新鲜事实；善于发现或者澄清社会上众说纷纭、莫衷一是的重大事件的事实真相；善于发现或者提炼出有助于解决当前各种困难和社会矛盾的新鲜经验；善于发现和捕捉能给人以启迪的新思想，深刻地揭示改革开放大潮中人们观念上的新变化；善于发现和表现最能体现时代精神、对人们有较大激励和鼓舞作用的典型人物；善于发现能够体现事物发展规律的新的苗头、新的动向，准确地预测和描绘事物发展趋势；善于发现和揭露“党和政府明令禁止、人民群众深恶痛绝”的不正之风。

1999 年 12 月，南振中所著《记者的发现力》一书出版发行。穆青在《用毕生去发现》一文中写道：“《记者的发现力》出版后，引起广大新闻工作者和爱好者的浓厚兴趣。一些同志寄来了读后感想，有的同志建议他构建一门‘发现学’……我相信，振中会用毕生的精力去把‘发现力’这篇大文章做好。”

调研是组织策划报道的基础

无论是组织策划报道，还是给记者出“点子”，南振中都坚持“调研先行”。

1997 年 5 月南振中在江苏、浙江农村调研时曾访问过一些食品加工厂、家禽养殖场。当时我国农村正从“温饱型农业”向“小康型农业”过渡，一些有见识的农民不满足于农副产品的生产，千方百计延长农产品的产业链，将自己加工的食品直接送上城里人的餐桌。在九届全国人大一次会议上，作为全国人大代表的南振中提出延长农产品产业链、大力扶持“餐桌经济”的建议。随后，他建议新华社国内部派记者围绕这一课题进行深入调研。吴锦才和蒲立业两位记者很快写出《我国餐桌经济增长潜力巨大》《餐桌上的结构调整带起和壮大一批新行业》等系列稿件。这组报道发表时，有的省正在召开农村工作会议，他们将其作为会议参阅文件印发给与会代表。

调研不仅是南振中的工作，也是他的生活。有一次他到新文化街菜市场买菜，发现菜价比宣武门菜市场高许多。他想，这两个菜市场相距一公里多，菜价差别就这么大，从寿光蔬菜生产基地到新文化街，菜价差别会有多大呢？当天晚上他就组织策划了“千里追踪菜价”的报道。新华社记者王进业、苏会志不辞辛劳，追踪调研，《菜价追踪》一文应运而生。这篇稿件获得了第五届中国新闻奖一等奖。

南振中认为调查研究和知识储备是组织策划报道的两个环子。抓不住这两个环子，组织策划报道就成了无源之水、无本之木。数十年间，他花费很大的精力增加自己的知识储备。他的《百科知识电子资料总库》分为哲学、经济学、政治学、法学、文学、社会学、逻辑学、心理学、伦理学、历史学、地理学、军事学等 73 个大类，下设 1685 个文件夹，储存了 78136 件书、报、刊资料，总共 2000 多亿字节。丰富的资料储备为南振中组织指挥报道提供了“知识支撑”。

在 2006 年五一长假报道中，南振中运用多年积累的关于“休闲学”的知识，提出新华社组织假日报道可从“休闲学”的角度切入，揭示长假给人民群众物质和精神生活带来的诸多变化。他还组织大家“应急充电”，突击学习“休闲学”的相关知识。在这次报道中，新华社各编辑部和国内外分社积极联动，相互配合，围绕“长假与‘休闲学’”这一主题，播发了消息、特写、新闻分析、新闻述评、新华时评、专家访谈、新闻背景、新闻照片、新闻图表等各种稿件。一些媒体负责人认为，“长假与‘休闲学’”专栏策划独到，引领了“休闲学”新闻报道的潮流。

“在新油田找油可以用老办法，在老油田找油必须用新办法。”这是资料库中《找油的哲学》一书带给南振中的启发。他还专门撰写了《学会“在老油田找油”》一文，谈了对加强和改进人民代表大会制度报道的思考。2005年3月在十届全国人大三次会议期间，南振中作为大会主席团成员，在会议资料中捕捉到投票程序的细微变化。他立即通知负责两会报道的同志采写相关稿件。当天新华社记者沈路涛、邹声文就采写了《民主的细节——全国人大完善选举和表决方式透视》。在全国人大好新闻评选中，这篇稿件获得一等奖，有的地方还把这篇稿件作为人大新闻培训的范文。

（撰稿：新华社研究院雒悦）

后 记

高质量的调研报道，是新华社服务总书记和党中央治国理政的独特优势之一，是新华社发挥党的新闻舆论工作重镇作用的重要体现。根据新华社领导要求，由新华社研究院编撰整理新华社调研名家传记，作为今后更好开展采编人员调查研究专项培训的参考教材。

通过梳理 90 多年来新华社历史上涌现的名记者的事迹，我们选取了 16 位新华社调研名家，分别为范长江、尤淇、冯森龄、穆青、谢文清、王殊、冯健、李峰、黄昌禄、张广友、顾迈男、冯东书、郭超人、陈大斌、吴复民、南振中（以出生年代为序）。这些调研名家，把根扎在人民群众中，深入调查研究，采写了很多朴素有温度、清晰有思想、简明有亲切感、鲜明有号召力的新闻佳作，在中国新闻史上具有重要影响力。

本书中的新华社调研名家传记，主要由新华社研究院新闻史研究室同志撰写，新华社陕西、江苏、四川、上海、贵州、青海分社的部分同志参与了编撰工作。新华社总编室组织专班对稿件进行了修改完善。总编室和研究院相关领导参加统稿。

在采写这些传记时，我们主要突出了这些名家、大家在调查研究方面的经历故事及新闻佳作，包括他们调研有哪些独到之处、采访中是怎么突破的、怎样获得一手素材、对调查研究的看法和体会等，力求使广大采编人员更好地以前辈为榜样，向经典致敬，更好地传承发扬调查研究的传家宝和看家本领，在新时代当好总书记和党中央的笔杆子。

由于能力和水平所限，本书一定还有不少不足，期待读者提出宝贵意见。

本书编写组

2024 年 8 月